Sagen und Geschichten aus dem Teufelsmoor

Band 2
Beiderseits der Wümme: im Lande der Gräser und im Reich der Hünensteine auf der Osterholzer Geest

Erste Ausgabe 2005 bei Verlag M. Simmering, Lilienthal.
Jetzt aufgeteilt auf vier Bände:
Sagen und Geschichten aus dem Teufelsmoor:
Band 1: Wo Hüklüt einst im Sumpf versank - das Teufelsmoor und umzu, ISBN 978-3-95494-256-5
Band 2: Beiderseits derWümme: im Lande der Gräser und im Reich der Hünensteine auf der Osterholzer Geest, ISBN 978-3-95494-257-2
Band 3: Sagen und Geschichten aus Bremen-Nord: Heimat am Strom - Vom Norden Bremens am hohen Weserufer bis zur Lesum und ins Werderland, durch Wälder und Auen in die Bremer Schweiz, ISBN 978-3-95494-258-9
Band 4: Sagen und Geschichten rechts der Weser: Zwischen Geest und Weserstrom - Von Hagen ins Osterstader Land, ISBN 978-3-95494-262-6

Wir veröffentlichen die plattdeutschen Texte von Heinz Lemmermann mit freundlicher Genehmigung seiner Familie.

Titelzeichnung: Peter Fischer, Winkeldorf

1. Auflage 2021

ISBN 978-3-95494-257-2
www.edition-falkenberg.de

Wilko Jäger

Sagen und Geschichten aus dem Teufelsmoor

Band 2

Beiderseits der Wümme:
im Lande der Gräser
und im Reich der Hünensteine
auf der Osterholzer Geest

Edition Falkenberg

Inhalt

Ut ole Tieden

Geleitwort

Liebe Leserinnen und Leser,
vor vielen hundert Jahren erfanden unsere Vorfahren Geister und Fabelwesen, wie Moorhexen, Kobolde und Riesen, die ganze Landstriche unter ihre Fittiche nahmen.

Es entstanden Geschichten und Sagen, die sich Generation für Generation forttrugen. Oftmals wurden sie mit den Jahren sogar noch schauriger. Noch heute erzählt man sich vom Riesen, der den Weyerberg erschuf oder dem Teufel, der einen rabenschwarzen Plan ausheckte, um ein Stück Land ganz nach seinen Vorlieben zu erschaffen.

Eine finstere Gegend, die von Menschen gemieden wurde und in denen Moorhexen und Kobolde ihr zuhause fanden: Das Teufelsmoor.

Die Geschichten und Sagen rund um das Teufelsmoor finden auch heute noch großen Anklang bei Jung und Alt. Ob im Rahmen einer Wanderung durch unsere wunderschönen erhaltenen Moorlandschaften oder bei einer Fahrt über die Hamme mit dem Torfkahn.

Viele engagierte Menschen aus dem Landkreis Osterholz und der Region sorgen dafür, dass wir unsere Geschichte bewahren – mag sie noch so sehr der Fantasie entsprungen sein. So auch Wilko Jäger mit seinen Büchern über Sagen und Geschichten aus dem Teufelsmoor. Auf schaurig schöne Art und Weise erzählt er darin Mythen rund um unsere Region.

Steigen Sie mit ein in die wunderbare Welt des Teufelsmoores. Ich wünsche Ihnen viel Freude beim Lesen und lade Sie herzlich ein, danach das Teufelsmoor auch selbst einmal hautnah zu erleben.

Ihr Landrat
Bernd Lütjen

Vorwort zur Neuauflage

Bereits vor rund vierzig Jahren begann ich damit, an und um meinen Heimatort Meyenburg, dort wo das Geestland zur Wesermarsch hin sich absenkt, Geschichten aus dem Dorfleben und der weiteren Umgebung zu sammeln und aufzuschreiben. Nach und nach reifte die Idee, daraus kleine Schriften und später auch Bücher zu verfassen. Aus dieser Tätigkeit ergab sich ein nimmermüdes Interesse am »Aufspüren heimatgeschichtlicher Vorgänge im Rahmen einer nachhaltigen Kulturpflege«. Insbesondere mündlich überlieferte Sagen und alte Geschichten reizten mich, sie in Texte zu kleiden und ihnen damit eine literarische Form zu geben.

Vor siebzehn Jahren ergab es sich, dass der Lilienthalter Verlag Simmering bereit war, eine umfassende Sammlung all meiner Geschichten aus der gesamten Region herauszugeben. Schon nach relativ kurzer Zeit war das Buch vergriffen. Den Mut zu einer Neuauflage in Eigenregie brachte ich aber in kritischer Abwägung bislang nicht auf. Sagen sind im Gegensatz zu Märchen ortsgebunden und lenken schon im Kindesalter ein wachsendes Interesse auf heimatgeschichtliche Vorgänge. Wenn der Geschichte Quelle schweigt, raunt tief im Born die Sage.

Umso mehr habe ich mich gefreut, als der Bremer Verlag Edition Falkenberg an mich herantrat, um meine Sagen-Sammlung in drei Teilausgaben erneut zu veröffentlichen. Ich bedanke mich für diesen ganz in meinem Sinne zukunftsweisenden Beitrag zu einer bewahrenden Heimatkunde und wünsche den Leserinnen und Lesern eine gute Unterhaltung.

Wilko Jäger

Vorwort*

»Wo ik herkaam, is dat Land so free un wiet …«

So beginnt eines der wohl schönsten Gedichte der norddeutschen Autorin Alma Rogge. In ihrer schlichten, ungekünstelten Muttersprache, dem Niederdeutschen, spürt die Dichterin ihrer Herkunft nach und zeichnet in beeindruckenden Sprachbildern das Wesen ihrer Heimat auf. Hier war sie zuhause, in einem Landstrich, wo die deichbewehrte Niederung der Wesermarsch, der ewige Rhythmus des Gezeitenstromes und der allgegenwärtige Himmel im Wechselspiel der Wolken die Szenerie der Landschaft bestimmen. Nehmen wir die umgrenzende, von eiszeitlichen Moränen geprägte Geest dazu und wagen wir uns zudem noch in die abseitigen Gefilde des Teufelsmoores, so steht uns jene vielgestaltige Heimatregion vor Augen, auf deren Orte die Geschichten des vorliegenden Buches

* Das Vorwort bezieht sich auf alle vier Bände, siehe Impressum.

hinweisen und von deren Menschen sie als Erzählgut bewahrt wurden.

Es sind Sagen und Geschichten aus alter Zeit, die ich als Autor und Herausgeber über viele Jahre gesammelt, sprachlich neu gestaltet und häufig mit eignen Zeichnungen illustriert habe. Vielfach hielt ich auch mündliche Überlieferungen fest, so zum Beispiel die Geschichten meiner Großmutter aus dem alten Lesum, dem Ort meiner Kindheit. Hinter all dem steht mein ständiges Bemühen, Heimatgeschichte nachhaltig zu vermitteln und so den hier lebenden Menschen auf ihrer Suche nach lokaler Identität eine Hilfe an die Hand geben.

Angesichts eines tiefgreifenden Wandels unserer Lebensbedingungen in einer Umwelt ständiger Veränderung wächst die Sorge um den Verlust des Vertrauten. Die fortschreitende Globalisierung in der Wirtschafts- und Arbeitswelt zwingt viele Menschen zu größtmöglicher Mobilität. Sie werden notgedrungen zu »Arbeitsnomaden«. So bleibt ihnen über eine lange Zeit verwehrt, sich in ihrer angestammten Heimat ein bleibendes Zuhause einzurichten.

Zeugnisse regionaler Kultur und ihrer Geschichte werden ihnen zunehmend fremder. Ich bin besorgt darüber, wie wenig junge Menschen oft über das Land ihrer Herkunft wissen. Europa wächst mehr und mehr zusammen. In einem friedlichen Miteinander unterschiedlichster Regionen werden sich die Menschen begegnen, voneinander lernen und ihre kulturellen Eigenarten respektieren. Das erfordert ein hohes Maß an gegenseitigem Verständnis und heimatlichem Selbstbewusstsein.

Während der Schulzeit galt meine Bewunderung einem engagierten Geschichtslehrer, der es überzeugend verstand, mit einem Kreidestück in der Hand auf einer größtmöglichen Tafelfläche Geschichtsabläufe packend zu schildern.

Dieser gute Mann beflügelte meine Vorstellungskraft und prägte mein Wissen um die Geschehnisse einer ereignisreichen Vergangenheit in Heimat und Welt.

Wer sich mit der Geschichte unseres Landstriches zwischen Teufelsrnoor und Weserstrom befasst, stößt dabei unwillkürlich auf

Namen wie Heinrich Schriefer, Johann Segelken, Hans Wohltmann oder Friedrich Kühlken. Alle vier gestandene Schulmeister, denen die umfassende Vermittlung einer Heimatkunde eine Angelegenheit des Herzens war. In dankbarer Anerkennung nehmen wir wahr, mit wie viel Fleiß und Akribie und ganz ohne Computer sie ihre Werke zu Papier gebracht haben.

Sie und viele andere standen posthum Pate bei diesem Buch. Unter gleichem Titel erschien bereits im Jahre 1994 eine Erstauflage. Vom Umfang her jedoch übertrifft diese die Neuauflage um das Vierfache.

So gesehen lohnt sich die Lektüre allemal, finden sich doch auch noch als willkommene Zugabe einige der Sagen, die von Dr. Heinz Lemmermann aus Lilienthal-Trupe ins Niederdeutsche übertragen wurden. Und nun viel Freude beim Lesen.

Wilko Jäger

Wie Lilienthal zu seinem Kloster kam

Die Güter eines ehemaligen Klosters bildeten die Grundlage zur Schaffung des späteren Amtes Lilienthal, das bis zum Jahre 1885 bestand.

Vallis Liliorum – Tal der Lilien!

Unwillkürlich ist der Leser geneigt, mit diesem Namen die Vorstellung eines Ortes von ungewöhnlicher Schönheit zu verbinden. Doch schon regen sich erste Zweifel. Wo mag denn damals an den flachen Ufern der Wörpe ein Tal gelegen haben? Handelte es sich bei den Blumen tatsächlich um die in der heimischen Flora bekannten gelben Sumpflilien? Mitnichten! Ein Historiker würde zu dieser Vermutung energisch den Kopf schütteln. Es wird vielmehr angenommen, dass der Name aus dem niederdeutschen Begriff *dal* (Beispiel: Sett di da!!), was *nieder* bedeutet, abgeleitet wurde. So wäre der Klosterplatz als Niederlassung im Zeichen der Lilie, dem Symbol der Reinheit, zu verstehen. Der Standort des der heiligen Muttergottes geweihten Klosters zeugt von sanfter Erhabenheit und wurde sicherlich mit Bedacht ausgewählt, um die Anlage besser vor Hochwasser schützen zu können.

Hier siedelten sich einst fromme Schwestern an, um nach den Regeln des Zisterzienser-Ordens ihr Leben zu gestalten. Der Nachwelt erhalten blieb die Backsteinkirche mit ihrem eindrucksvollen Ostgiebel. Als Wappensymbol der heutigen Gemeinde Lilienthal kündigt Maria mit der Lilie von der bewegten klösterlichen Vergangenheit des Ortes. Der Ursprung des Nonnenklosters, das im Laufe seiner Geschichte mehrfach umgesiedelt wurde, soll der Sage nach in Bremen zu suchen sein.

Im Stader Staatsarchiv befindet sich ein diesbezüglicher Bericht aus dem Jahre 1820, verfasst von Urban Friedrich Christoph Marecke. In seiner originellen, sprachlich etwas ungelenken Darstellung, wird der Text, weil er so amüsant zu lesen ist, nachstehend unverändert wiedergegeben: Das eigentliche Amt Lilienthal ist aus den Gütern des Klosters, das ehemals zu Lilienthal gestanden hat, erwachsen.

Die Geschichte desselben ist kürzlich diese: In den ältesten Zeiten stand zu Bremen, ohngefähr da, wo nachher die Stephanskirche erbauet worden, ein Jungfern-Kloster. Aus demselben wurden einst drei Jungfern von einem Bösewicht entführt und ihrer Ehre, ihrer Güter und ihres Lebens beraubet. Dies bewog den Erzbischof Hartwig II. das Kloster niederbrechen zu lassen und es nach Woldah, jetzt Wullah, ohnfern Lesum, welches er 1188 von Willekin von Marsele für 130 Mark erkaufet hatte, zu verlegen. Hier stand das Kloster keine 50 Jahre, denn im Jahre 1232 versetzte es Erzbischof Gerhard II. nach Trupe, weil es aber dort zu viel vom Wasser = Überschwemmungen litte, ward es 1238 wieder nach Woldah zurück verleget, wo es bis dahin gestanden hat, dass es zu Erzbischof Gieselberts Zeiten (regierte von 1273 bis 1306), wieder nach Trupe, aber nicht auf die vorige Stelle, sondern auf einen erhabenen wasserfreien Platz, am Ufer der Wörpe zu stehen gekommen und Lilienthal genannt worden ist. Diese mehrmalige Versetzung ist Ursache, dass dies Kloster vor Bremen, bald zu Woldah, bald zu Lesum bald zu Trupe und letztlich zu Lilienthal genannt wird. Es war der Heiligen Jungfrau Maria gewidmet, mit Cisterzienser=Nonnen besetzt und hatte einen Probst und eine Aebtissin zu Vorstehern. Um die Aufnahme desselben zu befördern, nahm es Papst Gregorius 1234 und Kaiser Friedrich II. 1235 in Schutz. Der Erzbischof Gerhard II. (1219 bis 1259) beschenkte es nicht nur mit dem Patronatrechte über die Pfarre zu Lesum, sondern auch mit andern Gütern zu Seelenmessen für seine Verwandte, vornehmlich aber den Bruder Hermann Graf von der Lippe, der im Kreuzzuge wider die Stedinger geblieben war. Und durch die verschwenderische Freigiebigkeit der Grafen von Stotel, auch die Milde der von der Hude, Gröpelingen, Stelle, Marsel, Lüneburg, Bederkesa und andere mehr ist es nach und nach so sehr begütert worden, dass es eines der reichsten und wohlhabendsten Klöster des Landes geworden ist. Hierzu kam noch, dass das Kloster mit einem ansehnlichen großem Marienbilde versehen war, welches in seinem Haupte einen großen Schatz von Reliquien aufbewahrte, wonach bekanntlich die blinden Religions-Verehrer der Vorzeit stark wallfahrten und nie davon ohne Darreichung eines Geschenkes zurückkehrten.

Ein Haus blieb verschont

Dass auch in Augenblicken größter Bedrängnis Mut und Entschlossenheit zu einem Ausweg verhelfen können, zeigt uns diese Geschichte, die sich so während des großen Lilienthaler Brandes am 21. April 1813 zugetragen haben soll. Tatsächlich gelang es damals dem Bauern Johann Christian Frese durch ein beherztes Handeln, sein Anwesen vor der willkürlichen Brandschatzung französischer Soldaten zu bewahren.

Bis auf den heutigen Tag steht das damals unversehrt gebliebene alte Fachwerkhaus, wenn auch mit einer modernen Verklinkerung versehen, in der Bahnhofstraße 10.

Am Tage des verheerenden Brandes zogen drei Trupps französischer Linien-Infanterie vom 26. Regiment in unterschiedlichen

Marschrichtungen durch Trupe, die Warf und den Klosterort selbst, um laut Befehl ihres Kommandanten Vandamme mit dem Feuerlegen ein Strafurteil zu vollziehen.

Gleichzeitig wurde auch eine Entwaffnung und Geiselnahme vorgenommen. Allzu laut hatten nämlich die Lilienthaler gejubelt, als kurz zuvor Tettenborns Kosaken die verhassten Franzosen vertrieben und über die Wümme gejagt hatten. Zudem warf man ihnen von französischer Seite vor, heimlich Munition aus zerhackten Nägeln hergestellt zu haben. Erst später stellte sich heraus, dass dafür die Kosaken verantwortlich waren.

Als nun an diesem Dienstag des Jahres 1813 marodierende und teilweise betrunkene Soldaten durch Lilienthal zogen, um überall Lunte zu legen, schickten sich auch zwei von ihnen an, das Haus des Johann Christian Frese einzuäschern.

Dieser jedoch trat ihnen mutig in den Weg, hielt ein Goldstück hoch und konnte sie in gebrochenem Französisch in der Tat überzeugen, gegen den Erhalt der Münze von ihrem

Vorhaben abzulassen und weiterzuziehen. Doch schon nach kurzer Zeit drohten erneut zwei Brandschatzer, die von ihren Kameraden unterrichtet worden waren, Freses Haus anzuzünden. Auch sie vermochte der Bauer mit einem Goldstück zu beschwichtigen. Als aber ein drittes Mal, durch Propaganda der Vorgänger angelockt, zwei Nachzügler des Trupps auf das Haus zuschritten, um eine Belohnung zu kassieren, musste Johann Christian Frese feststellen, dass er keine weitere Goldmünze mehr besaß. Kurz entschlossen griff er zum Dreschflegel, um mittels dieser »Waffe« auf die Übeltäter loszugehen. Völlig überrascht ergriffen sie Hals über Kopf die Flucht und mühten sich hastig, Anschluss an ihren Trupp zu finden, der bereits den Ort in Richtung Borgfeld verlassen hatte.

Ein Kosakenstreich

Das erfolgreiche Gefecht, in dessen Verlauf die Kosaken und Grenadiere Tettenborns die französische Besatzung zur Flucht über die Wümme trieben, fand am Gründonnerstag des Jahres 1813 auf der so genannten »Borgfelder Schweineweide« statt. Das häufig überschwemmte Gelände liegt an der Wümmebrücke.

Schon vor dem Aufeinandertreffen hatten die Tettenbornschen die Lage inspiziert und heimlich Kontakt zur Bevölkerung Lilienthals aufgenommen. Dabei gelang es gewitzten Kosaken, ohne große Fisimatenten einen »Goldesel« zu entführen. Ihnen war ein Pferd aufgefallen, das aufgezäumt und gesattelt und mit einem Sack voller Geldstücke bepackt vor dem Hause des Canton-Maire (Oberamtmann) Johann Hieronymus Schroeter angebunden war. Der französische Gesandte hatte das als Contribution geforderte Tier nebst Goldlast bereits in Empfang genommen.

Arglos war er noch einmal ins Haus geeilt, um eine Formalität zu erledigen. Diesen Augenblick nutzten die versteckt lauernden Kosaken, um den »Goldesel« in Windeseile von der Bildfläche verschwinden zu lassen.

Eis und Wasser als Naturgewalten

In uralter Zeit, als hierzulande die Winter noch äußerst hart und von grimmiger Kälte waren, soll es auch einmal vorgekommen sein, dass die Weser an manchen Stellen bis auf den Grund zugefroren war. Als es dann im Weserbergland auch noch über viele Tage ununterbrochen schneite, bedeckte eine mächtige Schneedecke das Land.

Plötzlich setzte heftiges Tauwetter ein. Die Eisdecke der Weser riss auf, und riesige Schollen setzten sich flussabwärts in Bewegung. Doch überall dort, wo der Strom in einem Bogen die Fließrichtung änderte, wurden die Eismassen aufgestaut. Am Geesthang bei Achim türmte sich das Packeis derart, dass sich vom Schmelzwasser ein gewaltiger Stausee bildete. Dem steigenden Druck konnte schließlich die Eisbarriere nicht mehr standhalten. Donnernd und brausend brach die wilde Flut in das rechte Weserufer ein und ergoss sich in das tiefergelegene Land beiderseits der Wümme bis ins Blockland hinein.

Zu jener Zeit war dort ein dichter Eichenbruchwald gewachsen, der Wisent, Wolf und Bär sicheren Schutz bot. Die knorrigen Bäume hielten zunächst das Treibeis auf, doch ließ ihnen die ständig ansteigende Flut mit der Wucht ihrer Eis- und Wassermassen letztlich keine Überlebenschance. Hingestreckt wie auf einem Schlachtfeld lagen sie später da, die Baumveteranen, über Jahrhunderte trotzig gewachsen, doch nun entwurzelt nach Nordwesten ausgerichtet, wohin sich der Wasserschwall ergossen hatte. Über den Riesenleibern wuchs Moor heran.

Später stieß man im Blockland bei Erdarbeiten häufig auf die urigen Zeugen jener fernen Naturkatastrophe. Damals hatten die wirbelnden Wassermassen auch große Sandmengen aufgespült und fortbewegt, die sich am Steilufer der Geest zwischen Ritterhude und Lesum wieder ablagerten.

Räuberhauptmann Stoffer Oldenbüttel

Viehland, abgeleitet von Vie, was Morast und Sumpf bedeutet, heißt das ehemalige Bruchwaldgelände zwischen der Hamme und Waakhausen. Röhricht und undurchdringbares Buschdickicht boten damals eine sichere Schutzzone für allerlei Getier. Leider fanden hier auch Räuber und Wegelagerer ein willkommenes Versteck. Einer von ihnen war Stoffer Oldenbüttel, ein gefürchteter Räuber und Mordgeselle. Von der Obrigkeit hatte er nicht viel zu befürchten. Das Gesetz war weit. Zudem stand er im Komplott mit den Rittern von der Hude und den Erbrichtern von St. Jürgen.

So verbreiteten die Nachrichten von den Raubzügen des Stoffer Oldenbüttel Angst und Schrecken unter den Bewohnern dieses Landes. Nur die Klostermauern von Osterholz und Lilienthal und die Gräben und Wälle der Adelssitze vermochten das Räubergesindel abzuhalten.

Im Dreißigjährigen Krieg lockte Stoffer eine Abordnung schwedischer Soldaten in den Hinterhalt und plünderte sie aus. Einer späteren Verfolgung entkam der Räuber im moorigen Gelände. Die Schweden nahmen daraufhin Rache an Stoffers Meier Semken und äscherten dessen Hof ein. Später baute sich Semken auf Anraten Stoffers tiefer im Busch erneut einen Hof. Für den Räuberhauptmann war dies natürlich ein willkommener Zufluchtsort.

Als der gefürchtete Räuber wieder einmal an der Heerstraße nach Lilienthal einem Lastfuhrwerk auflauerte und nach dem Überfall Wagen und Ladung in Sicherheit brachte, konnte der Fuhrmann glücklich in den Klosterort entkommen.

Der Lilienthaler Amtmann ließ sofort durch schwedische Reiter die Verfolgung aufnehmen. Rasch waren Stoffer und seine Wegelagerer mit dem Beutegut eingeholt. Der Räuberhauptmann ergriff die Flucht, sprengte durch den Busch und lenkte sein Ross zum versteckten Semkenhof.

Die Verfolger ließen sich nicht abschütteln. In höchster Bedrängnis erreichte Stoffer den Hof. Er sprang vom Pferd und eilte zum

Bienenstand. Den heranpreschenden Soldaten schleuderte er einen vollen Bienenkorb entgegen. Vor dem Angriff der Insekten scheuten die Pferde, und die Reiter hatten das Nachsehen. Der Verfolgte nutzte das Durcheinander und entkam endgültig seinen Häschern. An den Semkenhof erinnert heute noch ein Schiffsgraben, der den Namen Semkenfahrt trägt.

Die grausame Taufe

Als der Dreißigjährige Krieg in Deutschland wütete und überall Städte und Dörfer in Schutt und Asche legte, hofften die armen Menschen oft vergeblich auf Recht und Gerechtigkeit.

Zu dieser Zeit lebte in Waakhausen im St. Jürgensland ein Räuber mit Namen Stoffer Oldenbüttel. Von ihm erzählt der Volksmund: Als ehemaligen Weggenossen der Ritter von der Hude kam es Stoffer eines Tages in den Sinn, sein Räuberhandwerk auf eigene Rechnung zu betreiben. Warum auch sollte er fortwährend das Raubgut mit den großen

Herren in der Hude teilen? Stoffer Oldenbüttel war ein allseits gefürchteter Raubmörder, der keine Rücksicht nahm und niemandem Respekt zollte.

Zur Winterszeit, als eine dicke Eisschicht das St. Jürgensland bedeckte, kam in der Abenddämmerung ein Jude zu Stoffer. Sicher war ihm der Räuber nicht bekannt, sonst hätte er Stoffer wohl nie gebeten, ihn für Geld und gute Worte über das Eis nach Osterholz zu führen. Stoffer ging sofort auf die Bitte ein.

Nach einem guten Stück Weges weitab der letzten Häuser drang der Räuber plötzlich auf den Juden ein und zwang ihn mit drohender Gebärde, Geld und Wertsachen herauszugeben. Dann zerrte er den Hilflosen an eine Waake, eine offene Stelle im Eis, und fragte ihn höhnisch:

»An wen glaubst du?«

»Ich glaube an Moses«, bekannte der Jude.

»Dann musst du getauft werden!«, fuhr ihn Stoffer an, packte den armen Menschen und tauchte ihn in das eiskalte Wasser. Als er den Wehrlosen wieder heraufgezogen hatte, wiederholte der Mordgeselle die Frage: »An wen glaubst du?« Und wiederum antwortete der Jude: »Ich glaube an Moses!«

»Dann muss ich dich noch einmal taufen«, grinste Stoffer verächtlich und drückte den Juden erneut in das Wasser. Als er ein drittes Mal gefragt wurde: »An wen glaubst du?«, ging es dem Juden durch den Kopf: »Wenn ich jetzt ein christliches Bekenntnis ablege, werde ich sicher mein Leben retten.« Und so brachte er es mit zitternder Stimme heraus: »Ich glaube an Jesus Christus.«

»Und in diesem Glauben sollst du sterben«, höhnte der grausame Räuber, stieß ihn in die Waake und schob seinen Körper mit einem Haken unter das Eis.

Der wilde Räuber Jürgen

Zwischen dem Unterland der Wümme und dem Teufelsmoor breitet sich ein weites, von zahlreichen Fleeten und Gräben durchzogenes Wiesenland aus, das St. Jürgensland. Die Häuser dieses Landstrichs reihen sich, bis auf wenige Ausnahmen am Wümmeufer, auf Wurten errichtet, längs der Straße, die von Ritterhude nach Lilienthal führt. Nur die Kirche, das Pfarrhaus und die ehemalige Schule liegen einer Insel gleich abseits im grünen »Wiesenmeer«.

Bei winterlichen Überschwemmungen ragte die kleine Kirchenwurt tatsächlich als Eiland aus der Wasserwüste heraus. Noch heute finden sich Ringe an der Friedhofsmauer, an denen einst die Boote der Kirchgänger befestigt wurden. Weshalb nun gerade in dieser Einsamkeit das Gotteshaus errichtet wurde, erzählt uns eine alte Sage: Vor langer Zeit betrieb in dieser Gegend ein wilder Räuber mit Namen Jürgen sein unrühmliches Handwerk. Vor ihm und seinen Kumpanen war weit und breit niemand sicher. Überall lauerte Jürgen mit seinem Räubergesindel.

Dabei hatte er es vornehmlich auf Kaufmannszüge und beladene Bauernwagen abgesehen. Um die Verfolger zu täuschen, ließ die Bande den Pferden die Eisen verkehrt unter die Hufe schlagen.

Einst schickte der König im fernen Engelland Boten zu Jürgen. Er hatte durch Kunde von dessen Verwegenheit vernommen. So versprach er Jürgen großen Reichtum, wenn es ihm gelänge, seine Tochter aus der Gefangenschaft eines gräulichen Lindwurms zu befreien. Jürgen ging auf das Angebot ein. Er zog aus und erschlug den Drachen. Große Freude herrschte im Königreich, als er die Prinzessin heimbrachte.

Mit dem reichen Lohn an Gold, Silber und anderen Kostbarkeiten zog Jürgen in die Welt hinaus. Er bereiste fremde Länder und führte dort als wohlhabender Mann ein unbeschwertes Leben. Doch in den Jahren verspürte er immer stärker das Verlangen, heimzukehren in das Land, in dem er einmal geboren ward.

Als hier die Bewohner von seiner Heimkehr vernahmen, befiel sie große Angst. Wie sehr aber wunderten sie sich, als sie sahen, dass Jürgen in der Einsamkeit des Wiesenlandes eine Kirche erbauen ließ. Wohltätig erwies er sich gegenüber den Armen. Schwert und Rüstung versenkte er in einen tiefen Brunnen. Fortan lebte er als frommer und bescheidener Mann unter den Menschen seiner Heimat. Ihm zu Ehren erhielten die Kirche und das weite Grasland seinen Namen.

Die Kirchenwurt zu St. Jürgen

Die St. Jürgen-Kirche steht auf einer Wurt, die in der weiten Niederung wie eine Insel im Grünen anmutet. Der Volksmund weiß zu berichten, wie es zu dieser Bodenerhebung kam. So erzählte einmal ein alter Mann, was er über die Entstehung der Kirchenwurt wusste: »Als Kind saß ich oft abends am Flettfeuer, wo Hausbewohner und Nachbarn zusammenkamen, um miteinander zu sprechen und zu erzählen. Am liebsten hörte ich die Geschichten aus vergangenen Tagen. So sprachen sie auch einmal von einem Riesen, der sich von Bremen, wo die Weser ausgebaggert wurde, einen Sack voll Sand holte, um das Teufelsmoor trockenzulegen. Dieser Riese schleppte nun den Sand quer durch das St. Jürgensland. Da er aber den Sack nicht ordentlich zugebunden hatte, rieselte hier und da Sand zu Boden. So sollen die Dünen in unserer Gegend entstanden sein. Andere Leute erzählten auch, der Sack hätte ein Loch gehabt. Doch wer weiß das so genau.

Jedenfalls drückte die Sandlast immer stärker auf die Schulter des Hünen. Schließlich packte er den Sack, setzte ihn kurzerhand ab und schüttete den restlichen Inhalt an einer Stelle aus. Und dieser Sandhaufen ist nun der Weyerberg.

Hier bei uns hatte der Riese ja nur eine kleine Sandmenge verstreut. Sie reichte aber aus, um später darauf unsere Kirche zu bauen. Das war auch nötig, denn oft genug stieg das Wasser so hoch, dass es in unsere Häuser drang. Ich habe noch selbst erlebt, wie wir bei Hochwasser mit dem Boot auf die Diele fahren konnten.«

Der hölzerne St. Georg

Noch zur Mitte des 18. Jahrhunderts soll in der Kirche zu St. Jürgen ein großes hölzernes Standbild zu bewundern gewesen sein: Der heilige Georg hoch zu Ross. Dieser Skulptur wurde in der Gemeinde viel Ehrerbietung entgegengebracht. Am Namenstag des Heiligen, am 23. April, lagen der Holzfigur zahlreich Opfergaben zu Füßen. Während der Gottesdienste musste der Pastor immer wieder feststellen, wie sich die Augen seiner braven Kirchgänger viel häufiger auf das Reiterbild richteten als auf seine Person. Darüber erboste sich schließlich der Seelenhirte so sehr, dass er beschloss, diesem Umstand ein Ende zu bereiten.

Kurzerhand ließ er das Standbild aus der Kirche entfernen, legte entschlossen die Axt an und zerhackte den unliebsamen »Konkurrenten«. Doch damit hatte er in ein »Wespennest« gestochen. Seine aufgebrachte Gemeinde wollte und wollte sich nicht beschwichtigen lassen. Die Empörung nahm kein Ende. Um die Wogen zu glätten, musste der schuldbewusste Pastor schließlich ein Friedensopfer bringen. Und dieses hängt nun, allerdings in weitaus bescheidenerer Größe, als Wandfigur bis auf den heutigen Tag in der Kirche zu St. Jürgen. Seine Inschrift lautet:

St. Gorgo
Der Gemeinde zu Liebe, Johann Wilhelm Hönnert
Der Kirche zur Zierde, Pastor
Hat dieses geschenket anno 1758

Der gebannte Schatz

Im Blocklande lebte vor langer Zeit ein Mann, der von den Nachbarn gemieden wurde. Man hielt ihn nicht für gut. So verging den Kühen alsbald die Milch, wenn sie an seinem Hause vorbeigetrieben wurden, mochten diese vorher auch noch so ergiebig geflossen sein.

Eines Tages machte sich ein gewisser Sinnighes mit seiner Frau in aller Frühe auf den Weg nach Bremen, um dort auf dem Markt Fische zu verkaufen. In Wasserhorst wollten beide auf das Gespann des Schwiegersohnes zusteigen, der an diesem Tage ebenfalls etwas in der Stadt zu besorgen hatte. Es war noch vor Tagesanbruch. Als die Eheleute nun am Deich entlanggingen, gewahrten sie die hohen, im Nachtwind rauschenden Eschen, die das Haus des bösen Nachbarn umstanden. Beim Näherkommen machten sie eine ungewöhnliche Entdeckung. Aus den Fenstern drang helles Licht. Unentschlossen zwischen Furcht und Neugier bat die Frau ihren Mann, doch einmal vorsichtig durchs Fenster zu sehen. Der aber kam schon nach wenigen

Augenblicken verstört zurück, packte sein Weib, zerrte es eilig mit sich fort und beruhigte sich erst, als sie das eigene Haus erreicht hatten. Dort berichtete er von seiner Entdeckung.

Auf der Diele hätten Menschen, die das Gesicht von ihm abgewandt hatten, mit einem silbernen Pflug geackert, der von Truthähnen gezogen worden sei. Was mochte der unheimliche Nachbar im Schilde führen? Während beide unter dem Eindruck des Geschehenen noch ängstlich nachsannen, erklangen vom Kirchturm im nahen Wasserhorst die Glockenschläge zur Mitternacht. Da erst wurde den Eheleuten bewusst, wie sehr sie sich in der Zeit vertan hatten. Doch ihre Besorgnis blieb, konnten sie doch nicht wissen, dass ihr Nachbar heimlich damit beschäftigt war, einen verborgenen Schatz zu heben. Im nahen Niederviehland war vor Jahren etwas Ähnliches geschehen.

Dort gedachte ein reicher Bauer, mit dem sich kein Bremer Ratsherr an Geld, Schmuck und Silbergeschirr hätte messen können, wegen unruhiger Kriegswirren seine Schätze heimlich zu vergraben. In seinen Diensten stand ein junger Knecht aus dem Dorfe, der arm und elternlos war.

Als sich nun der Bauer am Sonntag zur Kirchzeit völlig allein wähnte, da er Frau, Kinder und Gesinde in den Gottesdienst geschickt hatte, schritt er entschlossen mit der Schaufel zur Tat, konnte er doch nicht wissen, dass sich sein junger Knecht aus Scham über sein ärmliches Aussehen in der Scheune versteckt hatte. Plötzlich sah dieser nun den Herrn hereinkommen, und sofort verbarg er sich noch sorgfältiger im Heu, um auch ja nicht entdeckt zu werden. Wie wunderte sich aber der Jüngling, als er feststellen musste, dass der Auftritt des Bauern gar nicht ihm galt. Und so beobachtete er aus sicherem Versteck, wie der Alte mitten in der Scheune eine Grube aushub, in der er schließlich mannstief stehen konnte. Danach entfernte sich eilig der Bauer, kam aber schon alsbald zurück und schob und wälzte einen großen Kupferkessel mühsam vor sich her, den er schließlich in das Loch hinabgleiten ließ. Jetzt schaffte der Alte überaus eifrig in einer hölzernen

Molle kostbare Gefäße und edles Gerät herbei. Hinzu kamen blinkende Gold- und Silbermünzen. All das oft keuchend Herbeigeschaffte füllte der Herr nach und nach in den bereitstehenden Kessel. Dann bedeckte er die Öffnung mit Brettern' schaufelte die Erde ins Loch zurück und ebnete gewissenhaft den Boden ein, um auch ja keine auffällige Spur zu hinterlassen. Den restlichen Erdboden karrte er rasch hinaus.

Wie frohlockte jetzt der junge Mann, als ihm beim Zusehen allerlei hoffnungsvolle Gedanken durch den Kopf gegangen waren. Schon in der folgenden Nacht hätte er heimlich damit beginnen können, den Schatz wieder zu heben und hernach irgendwo in weiter Ferne ein unbeschwertes Leben führen. Doch jäh verflogen seine Goldgedanken, als er nun sah, dass sich der Bauer anschickte, den eben verborgenen Schatz mit einem Bann zu belegen. Mit beschwörenden Worten bestimmte er den Teufel zum Hüter des Reichtums über sieben lange Jahre. Erst danach solle es möglich sein, den Schatz zu heben, doch nur für den, der vorher mit der Tochter des Hauses eine

Verlobung eingegangen sei. Auch dürfe nicht gegraben werden. Der Kessel müsse mit einem silbernen Fuhrwerk, gezogen vom lebendig geflügelten Feuer zurück ans Licht gebracht werden und nicht anders. Jedem Unbefugten möge der Satan den Hals brechen. Dann hielt der Alte inne, als warte er auf ein sichtbares Zeichen dafür, vom Teufel auch erhört worden zu sein. Und siehe, eine Fledermaus umflatterte dreimal die Stelle, wo der Schatz vergraben war.

Von Stund an stand dem jungen Knecht nur noch das Bild des geheimnisvollen Kessels vor Augen. Fortwährend beschäftigte ihn die Frage, wie er denn wohl die sieben Jahre überstehen könne, um schließlich das Herz des Mädchens zu gewinnen.

Auch dachte er unablässig über das silberne Fuhrwerk mit dem feurigen Gespann nach. Von ständiger Unruhe erfasst und zur Nacht gemartert von schlimmen Träumen erkannte der Jüngling, dass es für ihr geraten sei, den Ort gänzlich zu verlassen. Er heuerte auf einem Schiff an und verdrängte in der Ferne nach und nach jeglichen Gedanken an die einstige Heimat. Da er dort nie wieder von sich hören ließ, wurde seiner im Dorfe schon bald nicht mehr gedacht. Der junge Seemann jedoch vermochte auf Dauer sein Verlangen nach der Heimat nicht zu unterdrücken. Je näher der Zeitpunkt zur Aufhebung des Bannes kam, desto entschlossener wurde er, um sein Glück zu kämpfen.

Und ehe die Frist um war, kehrte er voller Ungeduld heim. Er war zu einem gut aussehenden, kräftigen Mann herangewachsen, sodass er keinen Zweifel hegte, die Gunst der Tochter seines ehemaligen Brotherrn zu erwerben. Auch verfügte er über eine ansehnliche Summe Geld, die er sich während seiner Fahrenszeit zurückgelegt hatte. Da er weder Freunde noch Verwandte im väterlichen Dorf aufsuchen konnte, mietete er sich unerkannt in einem Wirtshaus ein und erfuhr dort so mancherlei über das Dorfgeschehen der letzten Jahre. Schwer wurde es ihm, seine Erregung zu verbergen, als man ihm berichtete, dass der reiche Bauer jüngst verstorben sei.

Obwohl man den Verschiedenen zeitlebens für einen wohlhabenden Mann gehalten habe, müssten sich die Hinterbliebenen fortan kümmerlich behelfen. Es wurde im Dorf gemunkelt, der Alte habe seinen Reichtum auf unerklärliche Weise mit ins Grab genommen.

Nachdem er dies vernommen, hielt es den Heimgekehrten nicht länger im Gasthaus zurück. Niemand erkannte ihn auf dem Hofe, den er vor sieben Jahren verlassen hatte. Die Tochter des Hauses ging jedoch mit strahlenden Augen auf ihn zu und gab ihm heimlich zu verstehen, sie hätte ihn längst erkannt. Als die Mutter davon erfuhr, gab auch sie dem jungen Mann zu verstehen, dass er ein gern gesehener Gast sei. So fiel es ihm schließlich nicht schwer, schon bald um die Hand der Tochter anzuhalten. Sein Ansinnen wurde im Hause mit herzlicher Zustimmung bedacht.

Als Bräutigam war er sich seiner Sache schon wesentlich sicherer. Allein die noch bevorstehende Beschaffung des seltsamen Fuhrwerks bereitete ihm große Sorge. Immer wieder grübelte er darüber nach. Voller Unruhe kam er nur selten zum Schlaf. Doch dann half ihm unverhofft ein Traum weiter. Deutlich sah er die Scheune brennen, unter deren Boden der verborgene Schatz lag. Aus dem Dache züngelten die Flammen. Ihm erschien es jedoch, als formten sie sich zu einem roten Hahn, der wild mit den Flügeln schlug und schon im nächsten Augenblick herabflog, um sich auf eine umgestürzte Pflugschar zu setzen. Dabei gebärdete er sich wie toll, so, als wolle er das Gerät aufrichten und entschlossen mit sich fortziehen.

Die Erscheinung im Traum beflügelte den Tatendrang des jungen Mannes. Je mehr er darüber nachdachte, desto sicherer war er sich in seinem Vorhaben. Noch am selbigen Tag machte er sich auf den Weg nach Bremen und bat dort den ersten Goldschmied, den er antraf, ihm doch einen silbernen Pflug anzufertigen. Der Meister reagierte verwundert und glaubte zunächst, der Fremde wolle ihn zum Narren halten. Als dieser jedoch einen Beutel mit Talern und Gulden herauszog, willigte der Goldschmied ein.

Nach acht Tagen war der Pflug in angegebener Größe fertiggestellt. Auch ein roter Hahn wurde schnell beschafft. Gerade hatte im Dorfe die Glocke zwölf geschlagen, da machte sich unser Bräutigam heimlich auf den Weg zur Scheune. Bevor er eintrat, spannte er das lebendige, geflügelte Feuer in den silbernen Pflug. Kaum hatte er das Scheunentor geöffnet, da hielt auch schon der Hahn mit kräftigen Schritten auf die Stelle zu, unter der der Schatz versteckt lag. Der Pflug schimmerte so hell, dass auch ohne Kerzenschein das Licht völlig ausreichte. Das Tier ackerte unermüdlich, und dahinter pflügte unser Mann die Erdschollen sorgfältig zur Seite. Furchterregende Stimmen und Geräusche drangen an sein Ohr, doch er hütete sich wohlweislich, auch nur ein Wort von sich zu geben. Da stieß plötzlich die Pflugschar an die Holzbretter. Der Mann schaffte das Holz zur Seite und gewahrte voller Freude den funkelnden Inhalt im Kessel. Eilig füllte er bereitstehende Körbe mit dem kostbaren Inhalt und schaffte alles ins Freie.

Nachdem er das Scheunentor verschlossen hatte, begehrte er durch heftiges Klopfen Einlass im Wohnhaus. Mutter und Tochter erschraken über den nächtlichen Besuch und befürchteten, dem jungen Mann sei ein

Unglück zugestoßen. Doch als der Bräutigam das Geheimnis von Anfang bis Ende aufgedeckt hatte, konnte die alte Frau von Dank erfüllt ihre Tränen nicht zurückhalten. Die junge Braut bewunderte den Mut und die Klugheit ihres Geliebten.

Einer glücklichen Hochzeit stand nun nichts mehr im Wege.

Das junge Paar hielt sich zeitlebens strikt daran, das Geheimnis der Schatzsuche für sich zu behalten. Nur Kinder und Enkel wurden später unter Stillschweigen eingeweiht, wenn sie nach der Bedeutung des Silberpflugs fragten. Es heißt, dass die sorgsam über Generationen gehütete Kostbarkeit in den Wirren des Schwedenkrieges abhandengekommen sei.

Die Braut von Wasserhorst

Die Kirche zu Wasserhorst erhebt sich auf einem kleinen Dünenhügel gar nicht weit von dem Ort entfernt, an dem die Hamme in die Wümme mündet. Wo nun der dunkle stille Fluss, der das Teufelsmoor entwässert und vor etlichen Jahren die Torfkähne mit ihren braunschwarzen Segeln auf ihrem Weg zu den Orten im Norden Bremens trug, sein Moorwasser in den Heidefluss strömen lässt, heißt der Unterlauf der Wümme fortan Lesum.

Auf dem Kirchhof, umstanden von ansehnlichen Eichbäumen, finden wir nahe dem Turm, der als ältester Teil des Gotteshauses vermutlich aus dem 13. Jahrhundert stammt, eine schon recht verwitterte Sandsteingrabplatte, die auf ihrer Sichtseite noch schwach die Konturen einer menschlichen Gestalt erkennen lässt. Der Stein liegt schon bald 300 Jahre an dieser Stelle und wurde seither auf seinem Platz belassen. Von ihm berichtet die Sage:

Ein gar liebliches Mädchen aus reichem Hause hat sich heimlich einem jungen Knecht versprochen. Der Jüngling will nun dem Vater der Schönen beweisen, dass er als rechtschaffener Mann um die Hand seiner Tochter anhalten werde. So beschließt er, zuerst in die Fremde zu ziehen, um dort etwas Tüchtiges zu erlernen. Das Mädchen indes wartet Jahr um Jahr auf seine Wiederkehr. Nach sieben Jahren schließlich glaubt die heimliche Braut, der Verlobte habe sich anders besonnen oder sei gar gestorben. So gibt sie dem Werben eines jungen Bauern, den ihr die Eltern zugedacht hatten, schweren Herzens nach.

Am Abend vor der Hochzeitsfeier tritt plötzlich der heimlich Verlobte in das Zimmer der Braut. Das Mädchen bricht in Tränen aus und erklärt ihm mit großem Kummer, dass er zu spät komme. Wortlos verlässt der Heimgekehrte das Haus.

Als am folgenden Tag das Brautpaar in der Kirche zu Wasserhorst vor den Altar tritt und eine große Hochzeitsgesellschaft der feierlichen Handlung beiwohnt, betritt plötzlich ein fremder Mann die Szene. Und ehe ihn jemand davon abzuhalten vermag, drängt er von hinten an die ahnungslose Braut heran, zückt einen spitzen Dolch und sticht mehrmals heftig zu. Tödlich getroffen sinkt sie zu Boden.

Der Mörder flieht und wird seither nie wieder gesehen. Es heißt, er sei damals mithilfe von Freunden nach Holland entkommen.

Wie Wasserhorst entstanden sein soll

Als der Fischer Dietrich den arglosen Riesen Hüklot von den Höhen des Harzes hinab in die Ebene gelockt hatte, wo der nimmersatte Unhold angeblich die Fische mühelos mit seinen bloßen Händen greifen könne, gab er ihm listigerweise noch den Rat seine Fellschürze mit Dünensand zu füllen.

Der Sand würde ihm in dem unwegsamen Moor einen besseren Halt geben. Dort, wo Hüklot damals in die Dünen griff (plattdeutsch »gröp«), liegt heute Gröpelingen. Beim Überschreiten der Wümme entglitt ein Schürzenzipfel der Hand des Riesen. Augenblicklich rieselte Sand zu Boden.

Der Hüne blieb stehen, besah sich den aus seiner Sicht winzigen Sandhaufen, beugte sich dann grinsend zu seinem Begleiter herab und meinte spöttisch: »Kiek mal, Dietrich, dar köönt noch mal welche vun diene Art mitten in't Water up horsten.« Später wurde ihm der Sand zum Verhängnis und er versank jämmerlich im Teufelsmoor.

Ein Schuster wird Schulmeister

Im siebzehnten Jahrhundert, so jedenfalls ist es einmal mündlich überliefert worden, versah in Wasserhorst ein Schuster mit Namen Diedrich Habers den Dienst als Küster und Lehrer. Er hatte in Bremen sein Handwerk erlernt und sich später in der Faulenstraße eine Werkstatt eingerichtet.

Der Sage nach soll sich seine Beförderung zum Schulmeister so zugetragen haben:

Seit geraumer Zeit schon mussten die Wasserhorster ihre Schule geschlossen halten und den Küsterdienst selbst wahrnehmen, da sich niemand fand, der das wenig einträgliche Amt übernehmen wollte. Die Einnahmen aus dieser Tätigkeit waren nämlich so gering, dass man sich damit kaum allein, geschweige denn eine Familie ernähren konnte. Als einmal zufällig Kirchgeschworene aus dem Dorf an der Wümme durch die Faulenstraße im Bremer Stephani-Viertel gingen, blieben sie verwundert stehen. Klar und fröhlich ertönte aus einem Wohnkeller der Gesang einer Männerstimme. Durch die offene Tür bemerkten sie einen Schuhmacher, der mit einem Morgenlied seine Arbeit verrichtete. Die Leute aus Wasserhorst waren sich in ihrem Entschluss rasch einig. Just diesen Mann wollten sie bitten, in ihrem Ort den Dienst als Lehrer und Küster anzutreten. Der lebensfrohe Schuster willigte ein. Und schon bald, die örtliche Kirchenbehörde hatte dem Ansinnen zugestimmt, hieß der Wasserhorster Pastor den neuen Schulmeister und Kirchendiener mit einem kräftigen Händedruck willkommen. Fortan versorgte Diedrich Harbers nach bestem Wissen und Gewissen die Dorfjugend mit Kenntnissen, über die er selbst verfügte, und die Gemeinde mit Schuhwerk, das er eigenhändig herstellte. Da er sich auch noch die Zeit nahm, eine Krugwirtschaft zu führen, stellte sich alsbald ein gewisser Wohlstand ein.

Zudem heirateten drei seiner Töchter in Hofstellen ein, die zu den besten der Umgebung zählten.

Der seltsame Schimmel

Bei hellem Mondschein machten sich einmal zwei junge Brüder in Bremen auf, um durch das Blockland an die Wümme zu gelangen und sich dort mit einem Fährboot übersetzen zu lassen. Am frühen Morgen gedachten sie Ritterhude zu erreichen. Auf ihrem nächtlichen Wege durch die stille Niederung stießen sie unverhofft auf eine einsame Kapelle, in deren Nähe friedlich ein Schimmel graste. Es war ein Pferd von prächtiger Gestalt, mit wallender Mähne und langem üppigen Schweif. Den jüngeren der beiden Brüder packte beim Anblick des edlen Rosses das Verlangen, sich auf den Rücken des Tieres zu schwingen, um so schneller und bequemer ans Ziel zu kommen. Er lud den älteren Bruder ein, mit ihm gemeinsam den Ritt zu wagen. Doch dieser lehnte entschieden ab und hielt dem anderen vor, zu waghalsig und unbesonnen zu sein, weil der Schimmel weder Sattel noch Zaumzeug trage.

Auch könnten breite Quergräben zu unüberwindlichen Hindernissen werden.

Doch der Jüngere schlug die Warnungen in den Wind. Beherzt griff er in die Mähne des Pferdes und sprang leichten Fußes auf dessen Rücken. In wilder Hast stürmte das aufgeschreckte Tier davon. Gerade noch vernahm der kopfschüttelnde Bruder den Namen des Blocklander Wirtshauses, wo sie sich später treffen wollten. Schon kurz danach war auch der letzte Hufschlag in der Weite verhallt.

Auf beschwerlichen Wegen mühte sich der Zurückgebliebene voran. Eigentlich hätte er, so ging es ihm immer wieder durch den Kopf, auch mehr Courage zeigen sollen. Warum nur musste er immer wieder so zaghaft und argwöhnisch reagieren? Schließlich gelangte er an das vereinbarte Ziel. Wie groß aber war sein Erstaunen, als er im Gasthause nicht wie erwartet den jüngeren Bruder antraf. Weder Wirt noch Gesinde hatten ihn zu Gesicht bekommen. So beschloss er zu warten, wenngleich ihn auch urplötzlich eine große Sorge um das Verbleiben des Bruders beschlich. Und seine Besorgnis wuchs mit dem Zeitschlag der Wanduhr. Mitternacht war längst vorüber, als plötzlich die Gaststube aufgestoßen wurde und der sehnlichst Erwartete mit bleichem Gesicht, zerzausten Haaren und am Körper geschunden hereinwankte.

Was war geschehen? Mit stockender Stimme berichtete der mutige Jüngling von seinem wilden Ritt über Gräben und Buschwerk. Die Lichter Lilienthals habe er schon gesehen, als ihn endlich das unheimliche Ross unsanft zu Boden geworfen habe und dann wiehernd davon gesprengt sei.

Der Gastwirt, der alles mit angehört hatte, trat heran und versicherte den beiden Brüdern, das könne nur der sagenhafte Schimmel gewesen sein, der schon seit Menschengedenken in hellen Mondnächten wie ein Spuk auftauche und jedem Reiter Unglück bringe. Sie mögen Gott danken, dass der Ritt so glimpflich ausgegangen sei.

Ein »weißer Fleck« auf der Landkarte

»Mèr inconnu – unbekanntes Meer« vermerkte kurzerhand ein französischer Geograf in seinem Kartenentwurf, als er während der napoleonischen Besetzung vom Geestrücken nördlich der Lesum in die weite Ebene des überschwemmten Blocklandes hinabschaute und in der Tat eine riesige Wasserfläche erblickte. Der gute Mann hatte den Auftrag, im neuen Department der Elb- und Wesermündungen ein zuverlässiges Kartenwerk zu erstellen.

Er wählte den bequemsten Weg, indem er vorhandene deutsche Karten kopierte und ins Französische übersetzte. Angesichts dieser merkwürdigen Entdeckung jedoch, sah er sich gefordert, ein geografisches Phänomen gewissenhaft festzuschreiben. Vor seinen Augen erstreckte sich bis zum fernen Horizont das ausgedehnte Gewässer, aus dem Baumgruppen, vereinzelte Häuser und auch Kirchtürme inselartig herausragten. Weshalb er allerdings den hochwasserbedingten Überschwemmungssee, den er natürlich auf keiner deutschen Landkarte verzeichnet fand, ausgerechnet als Meer bezeichnete, bleibt ungeklärt. Der bescheidenere Begriff »Lac inconnu – unbekannter See« wäre in jenem Falle doch wohl angemessener gewesen.

Der Trotzkamp in Hambergen

In der Hamberger Feldmark liegt unweit des Dorfes eine Weide, die den Namen Trotzkamp trägt. Mit diesem Ort verbindet sich eine merkwürdige Geschichte.

Vor langer Zeit, als noch keine Kirche in Hambergen gebaut war, stand dort eine kleine Kapelle. Hier wirkte ein Pastor, der nur einen einzigen Sohn hatte, an dem er mit ganzer Liebe hing. Dieser Sohn, Georg mit Namen, sollte einmal sein würdiger Nachfolger werden. Deshalb ließ ihn der Vater studieren. Als Georg nun kurz vor dem Examen stand, traf es sich, dass er in Wallhöfen die Tochter eines reichen Bauern kennenlernte. Beide gewannen sich lieb.

Nun verfügten aber zu damaliger Zeit die Geistlichen über wenig Geld und waren gehalten, sich zusätzlich um eine eigene kleine Landwirtschaft zu kümmern. So lebte auch die Pastorenfamilie in sehr bescheidenen Verhältnissen. Doch Georg brachte trotzdem den Mut auf, in Wallhöfen um die Hand der Tochter anzuhalten. Als der reiche Bauer ihn angehört hatte, richtete er sich höhnisch vor Georg auf und fuhr ihn mit barscher Stimme an: »Dich reizt wohl die Mitgift von 20 000 Talern! Geh mir aus den Augen, sonst kette ich die Hunde los!« Völlig sprachlos und kreidebleich wankte Georg vom Hof. Zu Hause merkten die Eltern wohl, wie still und verschlossen plötzlich der Sohn war, ahnten aber nichts.

Am Wochenende darauf bat Georg seinen Vater inständig, ihn doch endlich einmal predigen zu lassen. Nur zögerlich gab der Alte nach. Der Pastorensohn war sehr beliebt. Deshalb drängten sich die Kirchgänger in der kleinen Kapelle.

Georg hielt eine flammende Predigt. Er fand bewegende Worte über Hochmut und Geiz. Mit erregter Stimme redete er sich allen Kummer vom Herzen. Als aber die Predigt kein Ende nehmen wollte, trat der Vater leise an ihn heran und legte ihm die Hand auf die Schulter. Georg verstand diese Geste und beendete ruhig seinen Auftritt. Kaum war er aber von der Kanzel herabgestiegen, brach er auch schon in ein wildes Lachen aus. Keiner der

Umstehenden vermochte ihn zu beruhigen. Dann sank er ohnmächtig zu Boden. Wie wunderten sich die Eltern, als er sich später im Bett aufrichtete und sie in einem fort nur anlächelte. Kein Zweifel, er war wahnsinnig geworden.

Die armen Eltern grämten sich so sehr, dass sie bald darüber starben. Nachbarn nahmen sich des Unglücklichen an. Fortan ging Georg jeden Morgen mit Axt und Hacke in die Heide. Wurde er gefragt, was er dort vorhabe, so gab er flüsternd zur Antwort: »Einen Kamp will ich roden, einen großen Kamp, damit ich mein eigen Land habe, den Bauern zum Trotz! – Den Bauern zum Trotz!« Gar oft kam jetzt dieser Satz über seine Lippen.

Einmal trat er in ein Bauernhaus, wo man ihm Speise und Trank anbot. Doch er lehnte ab und bat lediglich um etwas Grassamen. Den Bauern zum Trotz wollte er seinen Kamp säen. Wo immer er anklopfte, erhielt er Grassamen. Dann blieb er lange aus. Besorgte Nachbarn gingen ihn suchen.

Auf seinem Kamp fanden sie ihn, wie er tot auf einem leeren Sack lag. Trotzkamp heißt seitdem die Wisch in der Hamberger Feldmark.

Die Räuber von Grubendaal

Eine mächtige alte Buche mit einer stark verästelten Krone im Grubendaalsgrund am Rande des Oldenbütteler Holzes im Hamberger Ortsteil Ströhe ist der letzte der sogenannten Lusebäume, in deren Schatten vor langer Zeit Räuber den Postkutschen und Fuhrwerken aufgelauert haben sollen. Aus den Kronen der hohen Bäume vermochte das Diebesgesindel die herankommenden Wagen schon früh zu erspähen.

Oft waren die Gespanne bei dem schlechten Zustand der Straße, die unter dem dichten Blätterdach kaum abtrocknete, auf Hilfsdienste der Bauern aus der Umgebung angewiesen. Zweimal in der Woche verkehrten die Postkutschen zwischen Hamburg und Bremen, jeweils am Mittwoch und am Sonnabend. Je ein Gespann startete morgens um 8.00 Uhr in Hamburg und in Bremen. Während man zur Sommerzeit eineinhalb Tage für die Strecke benötigte, wurden es im Winter leicht zwei volle Tage. Von den drei Pferdeumspannstellen auf der Strecke befand sich eine in Neuenkrug bei Hambergen. 1838 wurde die Straße ausgebaut und gänzlich gepflastert. Leider dienten die Steine zahlreicher Hünengräber aus der Umgebung als Baumaterial. Doch nun zur Räubersage.

Vor etwa 200 Jahren galt die Gegend um den Grubendaalsgrund als äußerst gefährlich und verrufen. Räubergesindel hatte sich hier eingenistet. Das Beutegut aus den Überfällen auf Postreisende und Handelsfuhrwerke verbargen die Wegelagerer in einem sicheren Versteck. Sie hausten in einer Höhle unter einer uralten krummgebeugten Eiche. Dort hielten sie auch einmal ein junges Mädchen fest, das für sie am Herde stehen musste. Die bedauernswerte Gefangene wurde vom Heimweh nach dem Elternhaus geplagt. Ihr Jammer war schließlich so groß, dass sie sich in eine dunkle Höhlenecke zurückzog und Speis und Trank verweigerte. »Wat hest du?«, fragte sie der Räuberhauptmann.

Da flehte ihn das Mädchen unter Tränen an, ihm doch zu erlauben, die lieben Eltern zu besuchen. Es wolle auch gewiss am nächsten Tag zurückkehren. Der Hauptmann blickte das Mädchen ernst an und sprach: »Swöör mi aber erst een Eed, dat du keen een Minschen wat von us verraden deist!« Artig streckte das Mädchen drei Finger hoch und schwor es bei Gott im Himmel. Sichtlich gerührt ließ es der alte Räuber gehen.

Groß war die Freude der Eltern, als sie die schon verloren geglaubte Tochter wieder in die Arme schließen konnten. Wie betrübt aber wurden sie sogleich, als sie von dem Eid vernahmen. Die Mutter grübelte lange. Endlich kam ihr ein Einfall. Abends schickte sie die Tochter in den Stall und trug ihr auf, doch den Ochsen von ihrem Unglück zu erzählen, denn damit würde sie ihren Schwur nicht brechen.

Viele Tränen flossen, als die arme Tochter am Tag darauf wieder in die Räuberhöhle zurückkehren musste, konnte sie doch nicht wissen, dass die Mutter heimlich im Stall gelauscht hatte. Kurz darauf machte sich der Vater auf den Weg nach Scharmbeck und berichtete dort der Obrigkeit von dem Vorfall. Wachleute zogen mit ihm nach Oldenbüttel und fanden auch bald die Höhle. Die

Räuberbrut wurde in Ketten gelegt. Ein letztes Mal blickten die Bösewichter auf den Höhleneingang mit dem schiefen Eichbaum. Dabei soll der Hauptmann gerufen haben: »Grubendaal, du krummet Knee. Wo manch een Minsch leeg unner di!« Auf der Scharmbecker Wurth mussten sich die Räuber dem Börderichter stellen und wurden einer gerechten Strafe zugeführt. Nach dem verborgenen Beutegut suchte man lange vergebens. Erst ein Schäfer aus der Gegend, der aus der Schlacht bei Waterloo heimgekehrt war und Baum und Strauch der Umgebung gut kannte, fand endlich das Versteck.

Die Vertreibung des Hamberger Hünen

Als in grauer Vorzeit das Land zwischen dem großen Teufelsmoor und dem Weserstrom noch von Riesen bewohnt war, gab es dort auch viele Hünenkeller, die aus schweren Felsblöcken zusammengefügt waren. Hier bewahrten die Unholde ihre Vorräte auf. Zu

Hambergen auf der Heide lebte zu der Zeit ein auffällig kräftiger Riese in einem tiefen Brunnen, in den eine Steintreppe hinabführte. Auf die Menschen schaute er nur höhnisch herab. Wo er nur konnte, bedrohte und quälte er sie, raubte ihnen die Speisen und nannte sie verächtlich Erdwürmer. Lange überlegten die gepeinigten Menschen, wie sie sich an dem Hünen rächen könnten.

Eines Tages beobachteten sie den gefürchteten Riesen, als er wieder einmal auf dem Raubzug war. Heimlich lauerten sie ihm vor seiner Brunnenhöhle auf. Und als der Unhold am Abend zurückkam, müde die Treppe hinabstieg und schon bald ein lautes Schnarchen ertönen ließ, sprangen beherzte Leute heran und warfen lauter Steine in den Schacht. Dann wälzten sie noch mächtige Findlinge über den Einstieg. Da erwachte der Hüne und befreite sich durch die Kraft seiner Arme von der Steinlast. Die Gegend um Hambergen aber mied er seit diesem Tage. Später zog er mit seinen Kumpanen weit nach Norden zu den riesigen Eisfeldern.

Der Silbersee von Wallhöfen

In der Flur von Wallhöfen sieht man noch eine Senke, die einst das Wasser eines stillen Sees ausgefüllt hatte. In mondklaren Nächten soll vor langer Zeit aus diesem See ein weißes Ross aufgetaucht sein. Stets spannte sich der Schimmel selbst vor einen Pflug, den der Bauer hatte stehen lassen, und zog bereitwillig Furche um Furche. Am Morgen darauf fand der Bauer die Arbeit getan. So geschah es viele Male. Die Dorfbewohner rätselten: »Sollte es wirklich das weiße Pferd gewesen sein, das von mehreren Leuten als ein geheimnisvolles Wesen zu nächtlicher Stunde gesichtet worden war?«

Der Knecht eines Bauern wollte unbedingt dem Rätsel auf die Spur kommen. So legte er sich in einer Mondnacht mutig in eine Furche neben einen abgestellten Pflug. Kaum war der zwölfte Schlag der Turmuhr im Dorf verklungen, da tauchte urplötzlich der Schimmel auf. Beherzt sprang der Knecht auf den Rücken des Pferdes, drückte die Schenkel zusammen und krallte sich mit den Fäusten in der Mähne fest.

Erschrocken bäumte sich das weiße Ross auf und stürmte in wilden Galoppsprüngen laut wiehernd davon. In einem hohen Bogen schleuderte es den ungebetenen Reiter auf das Feld. Danach tauchte der Schimmel mit einem einzigen Sprung wieder in den See hinab und wurde seither nie mehr gesehen. Der Silbersee aber ist seit Langem verlandet.

Die »Wüste Stätte« zu Scharmbeck

Auf dem Kirchhof der St. Willehadi-Kirche zu Scharmbeck soll sich eine Stelle befinden, auf der nur Dornen und Unkraut gedeihen. Dieser Ort wird beim Volke »Wüste Stätte« genannt.

Im benachbarten Osterholz stand in früherer Zeit ein der Heiligen Jungfrau geweihtes Nonnenkloster, von dem als letztes Gebäude die Marienkirche als beachtliches Zeugnis norddeutscher Backsteinkunst erhalten geblieben ist.

Ein Mönch, der hier in priesterlichen Diensten stand, richtete ganz im Gegensatz zu den guten Werken der frommen Schwestern sein Sinnen und Trachten auf die Vermehrung seines Besitzstandes.

Als eines Tages der Krieg das Land zu verheeren drohte, suchten die armen Bewohner dieser Gegend ihr Hab und Gut vor dem Feind zu verbergen. Ein Bauer zog den Mönch ins Vertrauen und bat ihn, doch einen Beutel mit Goldstücken im Schutze der Klostermauern zu verstecken. Der Gottesdiener versprach, den kostbaren Schatz gewissenhaft zu verwahren. Was aber tat er? Heimlich schaffte er den Beutel aus dem Kloster und vergrub das Gold unter dornigem Gestrüpp bei der Kirche zu Scharmbeck.

Nachdem die Kriegsgefahr vorübergezogen war, trat der Bauer vor seinen Treuhänder und bat ihn, das verwahrte Gut wieder herauszugeben. Dieser aber stritt energisch ab, jemals Geld von ihm empfangen zu haben. Fortwährend beteuerte er, völlig unwissend zu sein. »Wartet nur ab! Das Gold wird Euch keinen Segen bringen!«, sprach der Betrogene schließlich und ging davon.

Der arglistige Betrüger wartete bis zur Mitternacht, um den Schatz auszugraben und ein noch besseres Versteck zu suchen.

Ein Gewittersturm tobte so laut um Mauern und Dächer, dass die zwölf Schläge der Turmuhr nur schwach zu hören waren. Kaum hatte der habgierige Gottesmann den Spaten angesetzt, riss unter Donnerkrachen der Boden auf. Jäh stürzte der Übeltäter in den Schlund und ward von Stund an nicht wieder gesehen.

Zur Mitternachtsstunde soll es in stürmischen Nächten vorkommen, dass es an jenem Ort im Buschwerk knistert und knackt. Dieser unheimliche Spuk rührt her vom Geist des ungetreuen Mönches, der weiter nach dem versteckten Schatz sucht. Bis auf den heutigen Tag blieb der Erdboden an dieser Stelle unfruchtbar.

St. Marien in Osterholz

Wenn es die Sonne gut meint und sich ein heiterer Himmel über das weite Grün der Hammeniederung spannt, ist sie in ihrem kräftigen Ziegelrot schon von Weitem zu erkennen: Die

Klosterkirche St. Marien zu Osterholz. Sie ist das Wahrzeichen jenes Ortes, der einmal aus einer mittelalterlichen Klostergründung hervorging.

Das war zu einer Zeit, als noch dichter Wald den östlich der alten Siedlung Scharmbeck gelegenen Geestrand bedeckte. Möglicherweise entstand daraus einmal der Name: Das »Osterholz«. Die Bezeichnung wird aber auch mit der altgermanischen Frühlungsgöttin Ostera in Zusammenhang gebracht.

Nachweislich gab es zu früherer Zeit eine große Steinsetzung in diesem Gelände, die vermuten lässt, dass sie als heidnische Opferstätte diente. Eine Verwendung der Findlinge dieses Heiligtums als grundlegendes Fundament für den Klosterbau bot sich damals an.

Den Bau des »closter user lewen Frouwen tho Osterholte«, wie es in alten Urkunden heißt, hatte bereits im Jahre 1182 der Bremer Erzbischof Siegfried, der ein Sohn Herzog Albrechts des Bären aus Brandenburg war, ins Auge gefasst. Doch die Wirren der Zeit veranlassten den Kirchenfürsten zum Aufschub seines Planes. Siegfrieds Wahl hatte Heinrich der

Löwe, derzeit mächtiger Herrscher über Sachsen und Bayern, mit vielen Interventionen zu verhindern versucht. Ein zu starker Landesherr in der Region zwischen Weser und Elbe passte nicht in dessen Machtkonzept.

Doch hatte der große Welfe in seiner Auseinandersetzung mit KAlser Barbarossa bekanntlich »seinen Bogen weit überspannt«. Er verlor nicht nur Bayern, sondern auch sein Stammland Sachsen. Das Erzbistum Bremen wurde direkt dem Reich unterstellt. Somit galt sein erster Würdenträger gleichzeitig als Landesfürst mit weltlicher Gewalt. Siegfried starb im Jahre 1184.

Sein Nachfolger Hartwig II. aus dem Uthleder Geschlecht der Purrik, vormals Geheimschreiber im Dienste des »Löwen«, gilt als eigentlicher Gründer der Klosteranlage. Er stellte 1185 die Stiftungsurkunde aus. Ein reges Treiben erfasste den stillen Winkel. Bauholz wurde geschlagen. Eine Lichtung entstand. Auch die notwendigen Ziegelsteine brannte man daselbst. Mit großen Mühen musste ein Bachlauf umgeleitet und gestaut werden, um eine Mühle zu betreiben und Fischzucht zu ermöglichen. Ein zusätzlicher Deich sollte einen Durchbruch in die nahe Hammeniederung verhindern und vor übermäßigen Fluten aus dem Weserraum schützen. Als handwerklich versierte Pioniere betätigten sich Mönche des Benediktinerordens.

Im Jahre 1188 bestätigt der Papst in Rom die Gründung und lässt den Brüdern und Schwestern zu Osterholz seine Grüße übermitteln. Er tolerierte somit zumindest für die Jahre der Bautätigkeit die Existenz eines Doppelklosters. Später überließen die frommen Benediktiner ausschließlich den Ordensschwestern das Feld. Diese scharten sich demütig um eine aus ihren Reihen gewählte Herrin oder Domina und setzten ihre Arbeitskraft wohltätig in der Krankenpflege, der Beschäftigung mit Handarbeiten und der Jugenderziehung der Novizen ein. Von den Nonnen ist bekannt, dass sie vorwiegend dem hiesigen Landadel entstammten.

Klöster galten als standesgemäße Versorgungsanstalten, denen die Adelstöchter oft schon im Alter von vier Jahren zugeführt wurden.

Ein außerhalb der Mauern residierender Probst kümmerte sich um die weltlichen Verpflichtungen des Klosters und fungierte sozusagen als Verwaltungschef.

Einem Hofmeister (Havemeyer) oblag die Leitung des Klosterhofes als landwirtschaftlicher Betrieb. Laienbrüder und sonstige Klosterleute bewirkten durch ihre Tätigkeit die Erschließung und Urbarmachung des umliegenden Geest und Moorlandes.

Die Kolonisierung des Teufelsmoores nahm einmal ihren Anfang mit der klösterlichen Kultivierung der Hammesenke.

Das Kloster Osterholz zählte zu den größten und reichsten Besitztümern des Bremer Erzstiftes. Es erhielt Abgaben und sonstige Einkünfte aus 120 Dörfern und kleineren Ortsteilen.

Ein verheerendes Feuer vernichtete im Jahre 1345 nahezu die gesamte Klosteranlage. Insgesamt 17 Gebäude mit Inventar und allen Vorräten fielen den Flammen zum Opfer. Allein die Klosterkirche wird, da sie nirgendwo in Schadenslisten erwähnt wurde, von den Flammen verschont geblieben sein.

Langwierig und mühsam gestaltete sich der Wiederaufbau der Klosteranlage. Doch die von der Kirche geschürte religiöse Ausrichtung der Menschen von damals, durch die Verrichtung guter Werke, Höllenqualen zu entgehen und ewiges Seelenheil zu erlangen, bewirkten, dass die Sendboten des Klosters mit reichen Schenkungen an Gut und Geld zurückkehrten. Später präsentierte sich der Klosterkomplex nach Jahrzehnten der Neuentstehung größer und stattlicher als vor der Feuersbrunst.

Eine lange Zeitspanne gesicherter Friedfertigkeit begann. Reiche Einnahmen sicherten den Nonnen ein unbeschwertes Dasein im Schutze klösterlicher Mauern. Doch gewissenhafte Zucht und strenge Ordensregeln verblassten mehr und mehr.

Im Jahre 1525 ließ der katholische Bremer Erzbischof Christoph infolge eines Streites um die Einsetzung eines Klosterprobstes das Haus plündern und die Nonnen verjagen. Zwölf Jahre später kehrten diese zurück.

Luthers Lehre führte zu einem geduldeten Nebeneinander beider Konfessionen.

Nach dem Augsburger Religionsfrieden 1555 begann abermals eine Epoche ruhiger Jahrzehnte, bis im Dreißigjährigen Krieg das Kloster allein viermal geplündert wurde.

Per kaiserlichem Edikt sollte das Stift wieder katholisch werden. Weisungen, Gesuche, banges Warten. Die evangelische Domina und ihre Getreuen harrten, auf eine Wende hoffend, aus. Zum Pfingstfest 1630 trafen katholische Nonnen aus Münster ein. Die Protestantinnen wurden ausgewiesen. Drei Jahre später durften sie zurückkehren, denn Gustav Adolf hatte landesweit für einen politischen Umschwung gesorgt. Doch die Unruhe blieb mit häufigen schwedischen Einquartierungen. Mit dem Kriegsschluss 1648 begann die Aufhebung der protestantischen Klöster.

Osterholz wurde 1650 aufgelöst und gelangte in den Besitz des Landgrafen Friedrich von Hessen-Eschwege.

Gut Sandbeck

Unsere Kulturlandschaft zwischen Geest und Weserstrom ist, im Gegensatz zu anderen Gegenden Deutschlands, aus dem Füllhorn der Musen nicht sonderlich reich gesegnet worden. Prunkvolle Kirchen und großartige Schlossanlagen wird der Reisende vergeblich suchen. Dafür wird er aber in abseitiger Stille Orte entdecken, die die Verquickung von maßvoller Architektur und landschaftsgebundener Naturgestaltung so reizvoll erscheinen lassen, dass er augenblicklich spürt, ein wahrhaftes Kleinod vor sich zu haben. Zu den Stätten dieser Art ist zweifellos das Scharmbecker Gut Sandbeck zu zählen, dessen Anlage vom Wasserstau der Sandbecke, des Baches, der sich durch die sandige Geest windet, sein malerisches Umfeld erhielt.

Schon im zehnten Jahrhundert hat es, vermutlich an gleichem Platz gelegen, einen Hof der Bremer Erzbischöfe gegeben, den die hohen Geistlichen gern als Sommerfrische nutzten. Der Chronist Adam von Bremen berichtet über einen Aufenthalt des Bischofs

Alebrand, auch Bezelin genannt, im Frühjahr 1043 zu Scirnbeci (Scharmbeck):

»Nach Verlauf des Winters wanderte, da das Osterfest schon nahe war, der glückseligste Bezelin (Alebrand) am 3. April – ich glaube nicht ohne Vorahnung seiner baldigen Abberufung – von der Kirche Scirnbeci barfuß nach Bremen. Nachdem er dort unter vielen Tränen ein langes Gebet verrichtet, empfahl er die Kirche Gott und seinen Heiligen. Und als er bereits vom Fieber berührt war, ward er zu Schiffe nach der Bucciner (Bückener) Probstei gebracht, woselbst er noch sieben Tage leben blieb.« Der Name des Baches, an dem einst die bäuerliche Siedlung Scharmbeck gegründet wurde, lässt zwei Erklärungen zu. Abgeleitet von scirn, was scheren, abgrenzen oder aber auch glatt oder klar bedeutet, bezeichnet Scharmbeck einen Grenzbach beziehungsweise einen klaren Bach. Das Geschlecht der Adelsfamilie von Scharmbeck gilt als längst ausgestorben. Man nimmt an, dass es sich um Ministeriale des Bremer Erzstiftes handelte, die mit dem Hof zu Scharmbeck belehnt worden waren.

Mit der Gründung des Klosters Osterholz tritt erstmalig auch der Name von Westerbeck auf. Danach erhielt ein Eler von Huda (Ritterhude) vom Klosterprobst Eilhard die Holzvogtei Scharmbeck als Lehen. Er verpflichtete sich, die Hälfte der Einkünfte dem Kloster zukommen zu lassen. EIer nahm daraufhin den Namen von Westerbeck, westlich des Klosters gelegen, an. Später nennt sich die Familie in Urkunden auch von Sandbeck. Dazu lesen wir in Mushards bekannter Schrift über die Adelsfamilien unser Gegend aus dem Jahre 1708.

»Das alte Sandbecker Schild zeigt einen cristallklaren Bach im blauen Felde, welcher von oben aus der rechten Schildecke nach unten zur linken Ecke fließt, und auf dem offenen Helm drei natürliche Pfauenfedern. Die Farben am Kreuz und an den Helmdecken sind blau, weiß und grünlich verteilt.« Er erklärt das Wappen mit folgenden Worten:

»Gleich als ein heller Bach den Silbersand befeuchtet Und alles um sich her mit Gras und Blumen zieret, So ziert und wird geziert ein Herz, das Gott erleuchtet Und wie den hellen Bach durch Tugend hinführt.«

In der Wahrnehmung ihrer Pflichten gegenüber dem Kloster Osterholz verhielten sich die Herren auf Sandbeck längst nicht immer belehnungskonform. Übergriffe und Vertragsbrüche führten häufig zu Beschwerden. Oft war es auch ein Leben in Saus und Braus mit durchzechten Nächten. Selbst ihre Hofmeier waren vor Belästigungen nicht sicher. Geldschwierigkeiten gab es mehr als genug. Lehensstreitigkeiten riefen des Öfteren sogar den Probst und die Domina mit ihrem Klosterkonvent auf den Plan. Diesbezügliche Verhandlungen gestalteten sich recht langwierig, weil es häufig vorkam, dass ihnen der beschuldigte Herr auf Sandbeck einfach mutwillig fernblieb.

Nach der Säkularisierung des Klosters Osterholz im Jahre 1650 ging Sandbeck in den Eigenbesitz der Familie über. Als Gerichtssitz bestand es bis 1848. Im Jahre 1855 schloss der letzte seines Stammes, Friedrich Christian Heinrich August, in Schulden verstrickt und unfähig, seinen Besitz zu verwalten, die Augen. Mit ihm verlosch die Geschichte eines Adelshauses, in dessen Annalen kaum etwas Rühmenswertes vermerkt ist.

Die Stadt Osterholz-Scharmbeck dagegen geht gegenwärtig äußerst pfleglich und liebevoll mit dem Anwesen um. Ausstellungen, Theateraufführungen und auch Fototermine für Hochzeitspaare vor malerischer Kulisse bewirken eine ständige Belebung des Ortes, der in der Tat als eine historische und kulturelle Keimzelle unserer Kreisstadt angesehen werden darf.

Die Burg in der Hude

Ritterhude – einst Stätte der Geborgenheit im schützenden Uferbereich des nahen Hammeflusses. Hervorgegangen aus einer alten Wasserburg, erinnert heute, malerisch von einer Graft umgeben, das Dammgut der Familie von Rex-Gröning an die ferne Epoche ritterlicher Vergangenheit.

Neben dem Dammgut standen ehemals vier weitere durch Erbteilung bedingte Herrenhöfe im Ort, so der Hudenhof, der Eichhof, der Liethenhof und das Gut Fergersberg. Dem ältesten Sohn, dem so genannten

»Anerben«, stand rechtlich die Übernahme des Stammgutes zu. Sollten weitere Brüder damals nicht in die Lage versetzt worden sein, am erzbischöflichen Hofe zu Bremen, im Rate der Stadt oder sonstwo im Lande einen ihrer Stellung gemäßen »Posten« zu übernehmen, mussten sie mit Landbesitz abgefunden werden. So kam es zur Gründung besagter Nebengüter. Mit einer neuen Namensgebung sollten sie sich vom Stammsitz unterscheiden. Auch ein durch Einheirat bedingter Besitzerwechsel veranlasste gelegentlich veränderte Bezeichnungen.

Alte Urkunden belegen die Existenz einer früheren Burg unmittelbar am Hammeufer. Demnach besaßen die Ritter von der Hude bereits um das Jahr 1000 n. Chr. ein festes Haus.

Das niederdeutsche Wort Hude kennzeichnet einen Hüteplatz, eine Weide, im Altsächsischen bedeutete der Begriff aber auch Schiffsanlegestelle. Damit käme man dem Standort im oben genannten Zusammenhang schon sehr viel näher. Die erste Burg derer von der Hude müsste demnach an einem schiffbaren

Gewässer gelegen haben. Tatsächlich stieß man bei den Ausschachtungsarbeiten für den Bau der Ritterhuder Stau- und Schifffahrtsschleuse im Jahre 1874 auf ein Pfahlrost, das vorwiegend aus Eichenpfählen bestand. Weitere Fundstücke wie Nägel, Eisenklammern, Beil, Dolch und viele Scherben belegten die Existenz eines ehemaligen Wohnplatzes. Zudem wurden noch Granitblöcke freigelegt. Wozu anders als zum Fundament der ersten Wasserburg mochten sie gedient haben? Der Burggraben war direkt mit der Hamme verbunden, sodass die Anlage mit einer Zugbrücke gegen mögliche Angriffe relativ gut geschützt war.

Weshalb die Burg in der Hude später aufgegeben und an der Stelle des jetzigen Dammgutes neu errichtet wurde, kann nur vermutet werden. Möglicherweise wurde das Haus im Jahre 1305 in der großen Fehde der Stadt Bremen gegen die Stiftsritterschaft neben anderen Adelssitzen im Umland zerstört.

Die Aufgabe der ersten Burg an der Hamme könnte aber auch im Zusammenhang mit häufigen Überflutungen gestanden haben, hervorgerufen durch einen stärkeren Rückstau in Lesum, Wümme und Hamme infolge der zu jener Zeit zunehmden Eindeichung der Weser und ihrer Nebenarme.

Unter der Bezeichnung »Castra Wümmehagen« konnte noch eine weitere Burg nachgewiesen werden, die am Zusammenfluss von Wümme und Hamme lag. Als die Herren von der Hude, von Aumunde und von Blomendal zum Kampf gegen die Grafen von Oldenburg und Hoya und die Stadt Bremen rüsteten und daraufhin von diesen in ihrer Burg »Wümmehagen« angegriffen wurden und schließlich unterlagen, machten die Belagerer »reinen Tisch« und zerstörten das Anwesen völlig.

Zur Not auch mit Gewalt

Das Rittergeschlecht derer von der Hude zählte zu den angesehensten Adelshäusern im Erzstift Bremen. Macht und Einfluss erstreckte sich nicht nur auf ihren Herrschaftsbereich. Die edlen Herren verstanden es äußerst geschickt und bisweilen auch mit

»Säbelrasseln«, sich im Laufe der Zeit einträgliche Privilegien zu verschaffen, so auch das Amt eines Erbrichters im St. Jürgensland.

Im Jahre 1566 sollen Warner und Segebold von der Hude mit einer Streitmacht von hundert Mannen in die Dörfer Oberende und Mittelbauer eingefallen sein. Man drohte den völlig überraschten Anwohnern mit Waffengewalt und zwang sie zur Herausgabe von Geld, Hafer und beweglichem Gut. Angesichts der Schwerter, Hellebarden und sogar Feuerbüchsen ließen die eingeschüchterten Bauern die Eindringlinge gewähren. Der Grund des gewaltsamen Einmarsches war die Weigerung der Äbtissin des Klosters Lilienthal, die Brüder mit dem Richteramt im St. Jürgensland zu belehnen. Die Hudes beriefen sich darauf, dass dieses Amt seit Menschengedenken von ihnen verwaltet wurde. Daraufhin erhob Otto von Düring, der Probst des Klosters Lilienthal, auf Geheiß der Äbtissin Klage wegen Landfriedensbruches in Speyer. Über Erfolg oder Misserfolg schweigen die Annalen. Bereits ein Jahr später wurde Segebold von der Hude Probst des Bremer Ansgariikapitels.

Die Mühle im Ruschkamp

Am Saume der Hammeniederung, dort wo einstmals Schilf und Rohr einen trügerischen Sumpf überwucherten, steht im Ruschkamp bereits seit etwa 400 Jahren eine uralte Wassermühle. Anno 1620 muss sie schon erbaut gewesen sein, denn in alten Akten der früheren Windmühle in Marßel bei Ritterhude wird die Ruschkampmühle in diesem Jahr aufgrund aufkommender Konzessionsstreitigkeiten erwähnt. Dass sie in den Schrecknissen und Verheerungen des Dreißigjährigen Krieges Schaden genommen hätte, ist nicht überliefert. Das nötige Wasser trägt ihr ein Wildbach zu, der aus dem nahen Geesthang quillt und auch noch in Trockenzeiten munter weiterplätschert. So war der kleine Stauteich oberhalb der Mühle wohl eher als beruhigende Sicherheit für den gewissenhaften Müller anzusehen.

Vom Stau aus bietet sich ein herrlicher Blick in ein offenes Wiesengelände unter einem weiten Himmel.

Seit 1662, so geht es aus Hausakten hervor, bewirtschafteten zehn Generationen der Familie Wehmann die Hofstelle und die Mühle in ununterbrochener Folge. Aus ihren Reihen wuchsen immer wieder tüchtige Müller heran. Allein fünf von ihnen trugen den Vornamen Peter. Und so hieß es denn bei den Mahlgästen durch alle Zeiten: »Nu geiht't na ›Peter Watermöhl‹.« Das galt auch für den letzten Müller, obwohl er eigentlich Hinrich hieß. Er starb 1993 hochbetagt im Alter von 94 Jahren. Buchstäblich bis zu seinem Tode kümmerte er sich verlässlich und liebevoll um den Betrieb seiner Mühle. Damals konnte man ihn in idyllischer Abgeschiedenheit, abseits von der Hektik und dem Lärm des Alltags, ständig dort antreffen, wie er sich draußen am Stau und Gerinne zu schaffen machte, oder drinnen am Getriebe und den Mahlgängen hantierte. Eine Szenerie, die willkürlich auch all die Bilder in uns wach zu rufen vermochte, die sich seit Kindertagen über Märchen, Lieder und Sagen in die eigene Vorstellungswelt eingeprägt hatten. Und wenn dann der rauschende Wasserschwall das mächtige Rad bewegte, die kantige Welle ächzte und knarrte und es im Halbdunkel des Mühlenraumes unablässig rumpumpelte und rumorte, fühlte man sich unmittelbar zurückversetzt in ein mystisches Mühlentreiben. Unheimliche Geschehnisse wie Wasserflut und Feuersbrunst oder gar eine unerklärliche Mehlstaubexplosion galten über lange Zeit als furchtbare Strafe. Menschen hatten es gewagt, mit der Nutzung der Naturkräfte im Übermaß ihre Geister herauszufordern. Nun traf sie deren unversöhnter Zorn.

Mühlen sind beredte Zeugnisse unserer Heimatkultur. An ihren Orten begreifen wir im wahrsten Sinne des Wortes, weshalb diese einfachen Maschinen zum Inbegriff eines langen technischen Zeitalters in der Menschheitsgeschichte wurden.

Wäre nicht im Jahr 1973 das alte, reetgedeckte Wehmann'sche Bauernhaus einem Brand zum Opfer gefallen, so würde man dort auch heute noch auf eine Mühlenhofanlage von ursprünglicher Geschlossenheit treffen. Allein die malerische Wassermühle blieb. Doch um sie ist es still geworden, seitdem sie ihr letzter Müller für immer verließ. Ihr Zustand mahnt uns, sich ihrer anzunehmen, denn sie ist ein wahrhaftes kulturgeschichtliches Kleinod in der Landschaft zwischen Teufelsmoor und Weserstrom.

Ein kurioses Wappen

Das historisch verbriefte Wappen der Ritter von der Hude weist im Schild einen schwarzen Querbalken auf, der die Fläche in zwei gleiche Felder teilt, von denen das obere silberweiß und das untere goldgelb ausgeführt ist. Den Helmschmuck bilden zwei Büffelhörner in farblicher Ausführung. Davon abweichend tauchen im Laufe der Geschichte dieses Adelshauses auch andere Formen auf. So ist auf einer Grabplatte ein Kranich als Helmzier dargestellt, der auf die Verwandtschaft zur Familie von der Lieth hinweist. Ein nach Bremen abgewanderter Spross führte 1427 ein Wappen mit vier Krötenfüßen. In diesem Jahr wurde ein Hinrich von der Hude zum Bürgermeister der Stadt Bremen gewählt. Der Sage nach soll der hohe Herr ein dickes ungesundes Bein gehabt haben, das ihn äußerst plagte. Wie durch ein Wunder befreite ihn eine Kröte von der Qual. Das Tier war des Nachts in seine Schlafstatt gekrochen und hatte sämtliches Gift aus dem Krankheitsherd gesaugt. Dem Bürgermeister waren fortan noch viele Jahre bester Gesundheit beschert, und er erlangte ein hohes Alter. Dagegen verendete die arme Kröte noch in selbiger Nacht. Voller Dankbarkeit soll der wundersam Genesene sein Familienwappen mit vier Krötenfüßen versehen haben lassen.

Der Goldberg bei Ritterhude

Es dämmerte schon, als einmal ein Fuhrmann mit seinem Gespann von Bremen in Richtung Ritterhude unterwegs war. Da er tagsüber noch nicht gerastet hatte und der Weg bei zunehmender Dunkelheit auch nicht mehr gut einzusehen war, beschloss er, im Krug zu Hüderbeck zu nächtigen. Bis zum Wirtshaus, das schon zu Ritterhude gehörte, war es nur noch ein kurzes Wegstück. Plötzlich gewahrte der Fuhrmann ganz in der Nähe auf einer

Anhöhe ein flimmerndes Licht. Er stoppte sein Gefährt und stieg vom Kutschbock, um nachzuschauen, was das seltsame Leuchten wohl bedeuten möchte. Er blickte in eine Glut, die wie ein Kohlefeuer aussah. Doch so sehr er mit dem Peitschenstiel die glühenden Teilchen auseinander rakte, sie erloschen nicht, sondern glühten weiter wie bisher. Welches Geheimnis mochte dahinterstecken? Im Wirtshaus angekommen, versorgte der Fuhrmann die Pferde und legte sich alsbald schlafen. Während der Nacht befiel ihn ein eigenartiger Traum. Er blickte auf ein brennendes Haus. Doch obwohl die Flammen hell aufloderten, griffen sie das Gebäude nicht an. Das Haus blieb unversehrt.

Der Fuhrmann war sonst nicht abergläubisch, hier jedoch war er sich sicher, dass der Traum Glück bedeute. Da er ohnehin nicht wieder einschlafen konnte, machte er sich schon vor Tagesanbruch auf, um den nahen Ort mit der sonderbaren Erscheinung nochmals aufzusuchen. Wie überrascht war er jetzt, als er feststellte, wie dort lauter Goldklümpchen umherlagen. Soviel er nur tragen konnte, brachte er davon zum Fuhrwerk. Als er jedoch zurückkam, um ein zweites Mal etwas von dem Goldschatz davonzutragen, zeigten sich die ersten Sonnenstrahlen. Und statt des edlen Metalls fand der Fuhrmann nur Kohle und Asche. Seit dieser Begebenheit trägt der Hügel den Namen Goldberg.

Die Zigeunerin von Heilshorn

Noch vor wenigen Jahrzehnten war es hierzulande durchaus keine Seltenheit, irgendwo am Dorfrand auf ein Zigeunerlager zu stoßen. Als Kinder fühlten wir uns vom Reiz des Fremdartigen mit bunten Wohnwagen, grasenden Pferden, Hundegekläff, offenen Feuerstellen und vor allem vom Anblick der dunkelhaarigen Menschen selbst in seltsamer Weise angezogen. Unter den Erwachsenen in der Landbevölkerung begegnete man dem Fahrenden Volk oft mit großer Scheu. Immer wieder hieß es, die Fremden verhexten das Vieh und brächten auch sonst nur Unglück.

In der Meyenburger Feldmark gibt es noch die Flurbezeichnung Taternbusch. Die plattdeutsche Bezeichnung Tatern bedeutet Tataren. Irgendwann vor langer Zeit sollen sie bei uns eingewandert sein. Den Hirten ihrer tatarischen Heimat gleich zogen sie unstet von Ort zu Ort. Den Kesselflickern unter ihnen wurde nachgesagt, dass sie damals den Hexen die Zauberkessel geschmiedet hätten. Die Wahrsagerinnen sollen Glück und Unglück tatsächlich vorausgesagt haben. Kein Wunder, wenn es um ihren Ruf seit jeher nicht zum Besten stand.

Einst begegnete der Ritter von Heilshorn einem alten Zigeunerweib, als er durch seinen Wald ritt. Die Frau sammelte Holz. Der hohe Herr stellte sie darob zur Rede. Da bat die Alte um Erbarmen und erbot sich, dem Ritter die Hand zu lesen. Damit ergriff sie auch schon dessen Hand, betrachtete sie lange und murmelte dann:

»Goldfingerfältchen rechts gebogen,
Herr, Ihr seid vom Glück betrogen,
Doch, wenn Ihr gnädig meinen Leuten,
Wird Segen es für Euch bedeuten.«

Der Heilshorner zog seine Hand zurück, schnalzte mit der Zunge und ließ das Zigeunerweib grußlos stehen.

Nun trug es sich zu, dass der Ritter einige Zeit später in Osterholz weilte, als im dortigen Amtshofe eine arrestierte Zigeunerbande verhört wurde. Nach geltendem Recht war die Obrigkeit gezwungen, unliebsames Gesindel mit Amtsgewalt über die Grenze zu befördern. Der Ritter wohnte dem Verhör bei. Ein auffallend hübsches Mädchen aus der Gruppe fesselte seine Aufmerksamkeit. Gleich würde es mit den anderen Zigeunern ohne Rücksicht auf seine zarte Gestalt gewaltsam zum Verlassen der Stadt gezwungen werden.

Kurz entschlossen trat er an das Mädchen heran und fragte, ob es gewillt sei, sich als Magd auf seinem Schlosse zu verdingen. Die Schöne nickte mit dem Kopf und bekundete mit einem Fußfall öffentlich ihr Einverständnis. Damit entzog sie sich der Amtsgewalt und stand fortan unter dem Schutz des adligen Herrn.

Das fremde Mädchen war sehr fleißig und hilfsbereit. Es verstand sich auf vielerlei

Heilkräfte bei Menschen und Tieren. So stand es auf dem Schlosse schon bald in einem hohen Ansehen.

Da ging die Kunde von einem bevorstehenden Krieg durch das Land. Der Heilshorner eilte zu den Waffen im Aufgebot seines Landesherrn.

Überall im Land loderte die Fackel des Krieges. Böhmische und ungarische Landsknechtshaufen zogen plündernd durch die Heide. So gelangte ein Soldatentrupp auch vor das Heilshorner Schlosstor. Die junge Zigeunerin trat furchtlos unter das Raubgesindel und redete in ihrer Sprache auf die Kriegsknechte ein. Und tatsächlich gelang es ihr, den wilden Haufen zum Abzug zu bewegen.

Wie erstaunt war der Schlossherr bei seiner Heimkehr, als er seinen Besitz unangetastet vorfand, hatte er doch schon schlimmste Verwüstungen befürchtet. Nachdem ihm berichtet worden war, dass allein Mut und Entschlossenheit der jungen Magd das Wunder bewirkt hätten, ging ihm die Weissagung des alten Holzweibes durch den Kopf. Eine beherzte Tat war belohnt worden. Er machte das tapfere Mädchen zu seinem angetrauten Weibe. Dessen Liebe und weise Besonnenheit ließen den Heilshorner zu einem glücklichen Mann werden.

Brockmannsmühlen

Ehemals wurde sie vom Wasser der vorbeifließenden Drepte in Bewegung gehalten. Aber schon seit vielen Jahren ist es still geworden um die betagte Wassermühle zu Brockmannsmühlen. Ein Ort im Abseits. Geheimnisvoll, ja verwunschen mutet das malerische Fachwerkgebäude mit einem Dach aus Reet an, wie es sich auf der Wasserfläche der unterhalb breiteren Drepte spiegelt, umrandet von Erlen und Weiden, Brennnesseln und Pestwurz.

Die Abgeschiedenheit des Mühlenhofes mag den verweilenden Wanderer darüber hinwegtäuschen, dass hier einst die alte Heer- und Handelsstraße von Bremen nach Lehe vorbeiführte. Um das Jahr 1500 wurde an diesem Ort ein Meierhof nebst Mühle an einer

Furt im Tal der Drepte errichtet. Er war im Besitz des Meyenburger Rittergutes und wird auch im Hausbuch des Bernhard von Wersebe im Jahre 1537 erwähnt. Die unbefestigte Überwegung bestand aus mehreren Fahrspuren, die je nach augenblicklichem Zustand unterschiedlich genutzt wurden. Sollten trotzdem einmal eine Postkutsche oder ein Handelswagen in der Furt stecken geblieben sein, war der Müller durch seine Obrigkeit verpflichtet, mit seinen eigenen Pferden Vorspann zu leisten, um das Gefährt wieder auf festen Grund zu ziehen.

Das Räubernest

Einst hauste irgendwo im Düngel ein in den Dörfern der Umgebung gefürchteter Räuber. Der Düngel ist ein Waldgebiet, gelegen zwischen Meyenburg, Lehnstedt und Heine, in dem einst auch die Bremer Erzbischöfe jagten, wenn sie in ihrer Burg zu Hagen weilten. Der Räuber hauste in einem ungewöhnlichen Unterschlupf. Er hatte sich tief im Wald die

Kammer eines Hünengrabes als ein gut verborgenes Versteck eingerichtet. So oft ihm die bestohlenen Bauern auch nachstellten, es gelang ihnen nicht, ihn und seine Höhle ausfindig zu machen.

Doch eines guten Tages brachte sie ausgerechnet der Bösewicht selbst auf seine Spur. Durch Leichtsinn hatte er sich verraten. Am helllichten Tage zündete er vor seiner Behausung ein Feuer an, um sich über den Flammen ein kräftiges Stück Fleisch zu garen.

Ein Bauer aus Heine, der gerade fleißig sein Feld bestellte und eine kurze Verschnaufpause einlegen wollte, sah über den Baumkronen des nahen Waldrandes eine Rauchfahne zum Himmel steigen. Das kam ihm verdächtig vor. Er spannte seine beiden Pferde aus, führte sie in den Schatten der Bäume und band sie dort fest an. Sodann drang er in mutmaßlicher Richtung zum Feuer beherzt und entschlossen in das Waldesdickicht vor. Und er hatte in der Tat Glück, denn schon bald entdeckte er die gesuchte Feuerstelle an einem Ort, der von knorrigen Eichen umstanden war. Mittendrin erblickte er ein Hünengrab, auf dessen breiten

Deckstein ein bärtiger Mann hockte. Dieser hielt ein Bratenstück in den Fäusten, von dem er begierig abbiss. Jäh ging es dem heimlichen Beobachter durch den Kopf: Der Räuber! Behutsam und unauffällig schlich sich der Bauer zum Waldrand zurück. In höchster Eile spannte er die Pferde vor den Wagen und lenkte sie zügig ins Dorf. Dort fand er auch sogleich mutige Mitstreiter. Mit Äxten und Dreschflegeln wollten sie dem Langgesuchten zu Leibe rücken. Sie umstellten dessen Versteck. Als der Räuber auszubrechen versuchte, traktierten ihn die aufgebrachten Bauern mit ihren »Waffen« und fesselten ihn schließlich an Händen und Füßen. Ein Großteil des Diebesgutes wurde sichergestellt und der kläglich Gefesselte einer gerechten Strafe zugeführt.

Die ungewöhnliche Räuberhöhle unserer Geschichte blieb bis auf den heutigen Tag erhalten. Versierte Wanderer finden das im Wald versteckte Steingrab nahe dem Voßloger Weg am Rande des Düngels.

Megalith- oder Großsteingräber gab es früher noch zahlreich in unserer Gegend.

Doch die meisten von ihnen mussten für Hausfundamente und den Straßenbau herhalten. Auch beim Bau der jetzigen Meyenburger Wassermühle sollen Hünensteine aus der Umgebung verwendet worden sein. Neben dem Steingrab unserer Geschichte stehen noch drei weitere zwischen Meyenburg und Lehnstedt. Zwei von ihnen am und im Düngel und eines weithin sichtbar in der Lehnstedter Feldmark. Das angebliche Hünengrab mitten im Dorf Lehnstedt wurde um 1934 künstlich aufgebaut.

Der Schwarze Vogt

In all den Sagen und Geschichten, die zur Zeit der Findorff'schen Moorkolonisation in den einsamen Katen am flackernden Torffeuer erzählt wurden, tauchten nicht selten habgierige Bösewichte auf, die es unablässig darauf anlegten, Unheil und Schrecken zu verbreiten. Der grausamste Unhold unter ihnen soll der Schwarze Vogt oder De Swatte Vogt gewesen sein.

Vögte waren Aufseher der Obrigkeit, die ihren Dienst als Amtsherrn und Verwalter versahen und oftmals auch als Richter fungierten. Doch der Schwarze Vogt, der damals im Teufelsmoor sein Amt ausübte, beherrschte die armen Moorleute auf eine schier unglaubliche Art und Weise. Er zwang sie unerbittlich ihre Diensten zu verrichten und schüchterte sie dermaßen ein, dass sie stets in auffälliger Verschwiegenheit verharrten, wenn Beamte aus dem Königreich Hannover, zu dem auch die Moorregion zwischen Osterholz, Lilienthal und Bremervörde zählte, Auskünfte über die Amtsführung des königlichen Verwalters erbaten.

Die geplagten Torfbauern selbst hatten ihren maßlosen Unterdrücker nie zu Gesicht oder gar zu Gehör bekommen. Unheimlich vermummt unter einer tiefschwarzen Kapuze scheute er nämlich jegliche Öffentlichkeit und wies seine Schergen an, seine Befehle unnachgiebig durchzusetzen.

In ihrer als fernab empfundenen Abgeschiedenheit des oft unwegsamen Moorlandes, ständig begleitet von quälender Existenznot, ergaben sich die Unterdrückten ihrem Schicksal.

Zudem ließen sie sich von Verschwörungsängsten und Aberglauben leiten. So gab es unter ihnen oftmals auch so genannte Spökenkieker als Hell- und Gespensterseher.

Als dann aber der unersättliche Machtanspruch des Schwarzen Vogts darin gipfelte, mit einer unvorstellbar großen Maschine das gesamte Teufelsmoor abzutorfen und somit den Lebensraum seiner Bewohner gänzlich zu vernichten, trat ein junger Bauer auf den Plan. Jan von Moor wollte sich als mutiger Widersacher mit den Kräften der Natur verbinden und vertraute fest auf deren Hilfe.

Um ihn scharten sich weitere Gleichgesinnte. Sie verbündeten sich mit den Moor- und Wassergeistern und warteten geduldig auf den Zeitpunkt, als der gehasste Peiniger seinen technischen Koloss eigenhändig in Gang setzen wollte. Da gab es urplötzlich und aus heiterem Himmel ein gewaltiges Unwetter. Blitze zuckten, Donner grollte, Sturmböen tobten und sintflutartige Regenmassen ergossen sich auf das weite Moorland.

Als dieses fürchterliche Naturinferno schließlich Ruhe gab, blieb eine riesige Wasserfläche zurück. Wie ein einsames Eiland ragte daraus der Weyerberg hervor. Voller Verwunderung stellten aber die Moorleute fest, dass all ihre Katen und Behausungen verschont geblieben waren.

Sie blickten dankbar in den Worpsweder Himmel, der wieder einmal ein magisches Wolkentheater in fantastischen Formen und Farben über die Bühne gehen ließ.

Der Schwarze Vogt aber wurde nie wieder gesehen. Der Sage nach ist er samt seiner Moorgetüm-Maschine von einem gewaltigen schwarzen Loch verschlungen worden.

Ein Bekenntnis sei zum Schluss noch der Wahrheit geschuldet. Es handelt sich bei dem schwarzen Unhold um eine fiktive, frei erfundene Spukgestalt. Möge sie den Leserinnen und Lesern trotzdem dazu dienen, sich anschaulicher in die abseitige Lebenswirklichkeit und Weltfremdheit jener Zeit des Elends hineinzudenken.

Ut ole Tieden

Sagen up Platt vertellt von Heinz Lemmermann

St. Jürgen

Twüschen de Wumm un dat Düwelsmoor door treckt sik veel Wischen un Weiden hen. Aalns gröön öwer gröön un platt öwer platt; een Placken Land na'n anner as Pannkoken an Pannkoken. Un mittenmang Fleeten un Gröbens, wo so mannig een Poorg dat Quaken nich lett un wo du di woahrn muss, anners kriggst natte Fööt.

An' Öwer von de Wumm dukt sik de Hüüs enkelt daal up de Warften achtern Diek. An' Winterdag weer dat man bloß de Karkenwarft, de bi Landünner ut dat veele Water rutragen dä. Vandage noch sünd de Ringen to sehn an de Karkhoffsmüürn, wo in ole Tieden de Scheep mit de Karkenlüüd fastmakt hebbt.

Eensmals geev dat in disse Gegend een wilden Räubersmann. Jürgen hett de heeten. Vör em un sien Kumpanen weer keen Minsch seker. Öwerall weern se an luern, meistiet up de Koopmannszüg un de vulladen Buernwagen. De Peer harrn se verdwass mit Iesen beslahn, dat jem ehr Verfolger se nich to faten kriegen kunnen.

Eens Dags schickde de König von Engelland een Boten na Jürgen hen, denn he harr hört, wo verwegen un vigeliensch disse Keerl to Moot weer. He schull een Barg Gold un Silber hebben, wenn he dat to schick kreeg, de Dochter von den König ut de Arms von een gräsigen Lindworm ruttokriegen.

Dor maak sik Jürgen stracks up na Engelland un slöög den Drachen doot; un dat geev groode Freud in dat Königriek, as de Prinzessin na Huus keem.

Nu worr Jürgen een rieken Keerl un reis in de ganze Welt ümher. As he nu oller worr, kreeg he een Lengen na dat Land, wo he geborn weer, un he keem darhen retur. In sien Heimat nu kreegen de Lüüd dat mit de Angst to doon. Ober se kunnen sik gornich noog wunnern, dat Jürgen een anner Minsch worrn weer, de in de eensam Wischen een Karken boon leet. De Armen kreegen von sien Gold un Geld wat af, un sien Rüstung smeet he in een deepen Soot.

As een bescheiden un frommen Keerl läv Jürgen noch mannig Joahr bi de Buurn in sien ole Heimat, un de Lüüd gäben em to Ehrn de Karken in dat wiede Grasland sienen Namen: St. Jürgen.

De Bruut von Woterhorst

De Kark von Woterhorst, de steiht dor up'n lüttjen Hümpel, gornich so wiet af von de Stäär, wo Hamm un Wumm tosomen komt. De Hamm, de kehrt datWoter rut ut'n Düwelsmoor, un in olen Tieden brochten de Scheep mit ehre swatten Seils den Torf hen no Bremen un mannig annern Oort, dat de Lüüd in' Winter wat to böten harrn.

Hamm un Wumm tosomen: dat is nu de Lesum.

Up den Karhoff von Woterhorst, wo so mannig groote Eekbööm stohn dot, dor is een ganz old Ploten to finnen, de to een Graffsteene hört. De sütt meist ut as soon Minschengestalt.

Doröwer is jümmers vertellt worrn:

Een smucke Deern von eenen rieken Buurn harr eenen jungen Knecht dat stillkens toseggt, se wull sien Brut woll weeern. De Knecht wull den Buurn nu bewiesen, dat he een düchtigen un fliedigen Keerl weer, un so güng he eers mol in de Fremde, he wull so mannig wat tolehrn. As he nu säben Johr lang nich no Huus trüchkeem, dor meen sien heemlich Brut: He harr ehr woll vergäten oder wör villicht all doot bläben.

Ehr Hart weer swor, as se eenen annern Keerl to'n Brögarn nehm. Ober wat schull se denn moken? Öwerblieben wull se doch ok nich!

Just eenen Dag vör de Hochtietsfier, dor keem de ole Brögam ut de Fremde trüch, un de Deern muss em nu verklorn, dat he to loot komen weer, so bannig ehr dat ok leed dä.

As dat Brutpoor nun annerndags vör den Altar kummt, üm den Paster sien Segen to kriegen, dor kumt doch de Knecht ut de Fremde up de Brut to, kriggt sienen Degen rut un stickt von achtern de Brut in ehr Hart.

De Mörder nei ut un keeneen het em to foten kriegen kunnt. Un nüms hett em je wedder sehn.

De Schimmel von Wallhöfen

Vör lange, lange Tiet geef dat bi Wallhöfen een' stillen See, wo bi maandschienen Nacht een sneewitt Peerd ut'n Water keem. Foors spann sik de Schimmel sülvs vör een' Ploog, den de Buur harr stahn laten un treck nu Foor üm Foor, bit dat ganze Feld upt beste umplögt weer. So passeer dat mannigmal, un aal de Buurn keemen ut dat Koppschütteln nich rut. Wo kunn dat angahn, dat dat mit de Arbeit ganz von sülvs vörangüng? Harrn de Spökenkieker recht, de sän, se harrn den Schimmel mannig Nacht to sehn kreegen? Afsunnerliche Welt weer dat.

Eens Dags wull so een Knecht dat Radel up de Spoor kamen. Bi Maanschien leggte he sik deep in een Foor blangen den Ploog un tövde. To Middernacht harr de Karkenklock just den twolften Slag doon, door weer mit'n

Mal de Schimmel to sehn. Mit een' Ruck sprüng de Knecht dat Peerd so batz upn Rüch, druckde de Schenkel tosamen un krallde sik mit vulle Fuust fast in de Mähn. Door harr sik de Schimmel nich up hatt un klabaster nu in willen Galopp dör de Gegend. De Riedersmann weer baff un güng denn foors koppheister. Mit een eenzig Sprung düker de Schimmel in den See dal, un von disse Tiet an hett em keeneen mehr to sehn kreegen.

De »Wüste Stäär« to Scharmbeck

Up'n Karkhoff von de St. Willehadi-Kark to Scharmbeck, dor schall dat een Steer gäben, wo anners nix as Buchwark wassen deit. De Lüüd seggt dorto de »Wüste Stäär«. Nah bi in Osterholt, dor geef dat in ole Tiedeen een Nonnenkloster. Bläben is dorvon vandoge man bloot noch de Marienkark, fein ut Backsteen boot.

Een Preester keem mit dat Ansinnen von de frommen Swestern nich toschiek, bloot goodee Warke to doon. Nä, wat he man eben kriegen kunn, dat raak he as Besitz tosomen.

As mol een Krieg utbroken weer, dor kregen aal de armen Lüüd ut de ganze Gegend dat mit de Angst to doon und wull'n ehr Sack un Pack versteken, dat de verdammigten Suldaten dat nich to footen kregen. Een Buur keem to den Preester hen un bäär dorüm, he schull den ganzen Büdel vull von Gold in dat Kloster so vergroben, dat dat keeneen finnen kunn. Un de Gottsdeener sä em dat to: He wull den Schatz woll fein verwohrn un dovör uppassen as so'n Luchs. Man wat mokde de ol Sleef? Den Büdel mit Gold, den hätt he vergroben, ünner dat Unkrut dicht bi de Scharmbecker Kark.

As nu de Krieg vörbi weer, wull de Buur sienen Büdel woller retur hebben. Dor stell de Preester sik dumm und dusselig: Wo schull dat denn angohn – he harr dat Gold doch gor nich to sehn kregen. Dor worr de Buur so bannig füünsch un sä: »Tööv du man af; dat Geld, dat du mi klaut hest, dat will di woll keenen Segen bringen!« De Preester ober läw von Leegen un Bedreegen un soch nu midden in de Nacht een Stäär, wo he dat Gold noch bäter versteken kunn. Keeneen schull dat finnen könen.

So Klocke twolf üm Middernacht, dor keem een Storm un een Gewitter, dat ramenter so gräsig, dat Dack un Müürn man bäwern dän. As de Sleef mit sien Schuppen een Lock graben wull, dor geef dat een Donnereslag, een Afgrund weer to sehn, un de afosig böse Keerl storr dor rin. Keen Minsch hett em woller to sehn kregen.

Von disse Tiet an gifft dat een Spöök: Bi jedeen Storm in düster Nacht, dor knistert un knackt dat in aal dat Buschwark, dat di gruselig to Moot ward. Vandoge noch söcht de Geist von den Preester dat verlorn Gold – un up dissen Placken Eer will nix mehr wassen as Unkrut bloot un wilde Büsch …

Nachwort*

Wo immer auf der Welt Menschen Naturereignisse bestaunten und sich diese nicht erklären konnten, da kam ihre Phantasie »in Schwung« und es entstanden Mythen, Sagen und Märchen. Da ist die Rede dann von geheimnisvollen Mächten, von guten und bösen Geistern, von Tierungeheuern, Riesen oder Zwergen.

Wo immer auf der Welt Menschen durch ihresgleichen verursachte oft tragische Ereignisse erlebten, da wurden diese Geschichten von Mund zu Mund und Generation zu Generation weitergegeben, verändert und ausgeschmückt.

So ist es denn auch zu den hier vorliegenden Sagen und alten Geschichteen gekommen, die Wilko Jäger dankenswerterweise aus selten gewordenen Quellen und mündlichen Überlieferungen aufgespürt, zusammengestellt und zum Teil neu gefasst hat.

Jeder Leser wird erstaunt darüber sein, wieviele Ereignisse sich in unserer Region zwischen Teufelsmoor und Unterweser so oder so

* Nachwort zur 1. Auflage 2005

ähnlich abgespielt haben sollen. Und es wird deutlich, dass die viel zitierte »gute alte Zeit« oft alles andere war als »gut«. Da wimmelt es von unheimlichen Spukgeschichten, Gespenstern, Hexen und Moorweibern, von Räubern und Kriegstreibern. Da wird die verheerende Weihnachtsflut zu Aschwarden von 1717 und der Untergang der Stedinger Bauern in drastischen Worten beschrieben. Da kommen die brandschatzenden Wikinger vor. Da färbte sich die Elbe vom Blut der geschlagenen Askomannen.

Wir erfahren aber auch, wie die Birke ins Moor kam und woher so mancher Ortsname tatsächlich oder angeblich stammt. Dem Leser bietet sich ein ebenso aufschlussreiches wie abwechslungsvolles Kaleidoskop. Höchste Zeit, dass diese Dokumente wieder zur Verfügung stehen, nicht zuletzt als spannender Lesestoff für die Schulen. Es besteht sonst die Gefahr, dass dieser Teil unserer Kulturgeschichte in unserer schnelllebigen Zeit vergessen wird, da die mündlichen Überlieferungen zu versiegen droht.

Heinz Lemmermann (†)

Quellennachweis

Johann Behnken, Unterm Sagenbaum, Bremen 1936
A. von Dübring, Ehemalige und jetzige Adelssitze im Kreise Osterholz, Stader Archiv 1938
Heinrich Hoops, Geschichte der Börde Lesum, Bremen 1909
A. Kohlenberg. Das schwimmende Land von Waakhausen, Aufsatz aus der Zeitschrift »Globus«, Braunschweig, 1898
Will-Erich Peuckert, Bremer Sagen, Göttingen o.J.
Wilhelm Scbarrelmann, Katen im Teufelsmoor, Bremen 1983
Heinrich Schriefer, Worpsweder Bilder, Lilienthal 1907
Aus dem Moor I, De »rothe Gerd« und andere Geschichten, Bremen 1892
Heinrich Scbmidt-Barrien, Water över Weyerdamm, Osterholz-Scharmbeck 1995
Friedrich Wäbekindt, Festschrift des Ritterhuder Schützenvereins 1958
Johann Segelken, Osterholz-Scharmbecker Heimatbuch[4], Osterholz-Scharmbeck 1987
Hans Wohltmann, Sagen aus dem Lande zwischen Niederelbe und Niederweser, Band I, Zeven 1979, Band II, Selbstverlag des Stader Geschichts- und Heimatvereins 1963
Gemeinde Ritterhude, Vom Adligen Gericht zur Gemeinde Ritterhude, Lilienthal 1996.
Carl Thalenhorst, Bremen binnen und buten, 2 Bände, Bremen, 1955-57
Karl Paetow, Die schönsten Wesersagen, Hannover 1961
Fritz Bekker, Geschichte des ehemaligen Gerichts und heutigen Kirchspiels Neuenkirchen, Blumenthal 1900

Horst Zientz, Schwanewede – ein Dorf im Herzogtum Bremen auf der Geest, Schwanewede 1991
Wilko Jäger, Unter Reetdächern und alten Bäumen, Arbeitskreis Meyenburg e.V. 2002
Friedrich Spengemann, Altes und Neues aus dem alten St. Magnus, Bremen 1957
Alfred Tietjen, Blumenthal – meine Heimat, Nordwestdeutsche Landeszeitung, 1937
Hermann Allmers, Werke in Auswahl, 2. Auflage, Bremerhaven 2000
Bernd Ulrich Hucker, Hermann Allmers und sein Marschenhof, Oldenburg 1981
Friedrich Kühlken, Zwischen Niederweser und Niederelbe, Osterholz-Scharmbeck 1950
Heinrich Scbmidt-Barrien, Aus meinen Jungensjahren, Heide 1992
Heimatbund der Männer vom Morgenstern, Die Samtgemeinde Hagen, Heimat zwischen Marsch, Moor und Moränen, Bremerhaven 2002
Heinz B. Maass, Neues aus dem alten Stedingen, Lemwerder 1990
Wilko Jäger, Zu Hause zwischen Geest und Strom, Lilienthal 1998

Weitere Titel aus der Region

Christa Picard
Mord im Moorexpress

Krimi, 4. Auflage
192 S., TB, 14 x 19 cm
9,90 Euro
ISBN 978-3-95494-139-1

Gerade hat der Moorexpress seine letzte Saisonfahrt vom Weihnachtsmarkt in Stade nach Osterholz-Scharmbeck beendet, da entdecken die Eisenbahner in ihrem Zug einen Toten. Die Mordkommission steht vor einem Rätsel …

Der Krimi handelt in nahezu allen Orten an der Moorexpress-Strecke: Bremen – Osterholz-Scharmbeck – Gnarrenburg – Worpswede – Bremervörde – Stade.

Firoozeh's
Teufelsmoor Saga

Band 1: Der Rote Gerd
252 S., TB, 14 x 19 cm
14,90 Euro
ISBN 978-3-95494-241-1

Seit Anbeginn kursieren im Teufelsmoor zahlreiche Geschichten über unerklärliche Phänomene und sagenhafte Gestalten. Die Legende des Roten Gerd ist eine davon. Der berüchtigte Schmuggler bot der Königlichen Regierung in Hannover allein die Stirn, als diese höhere Abgaben von den Moorbauern und Torfschiffern verlangte. Er soll mit seinem Torfkahn im Moor versunken sein und als Geist sein Unwesen getrieben haben. Doch stimmt das überhaupt? Lesen Sie selbst!

Weitere Titel aus der Region

Katrin Steengrafe

Mord an der Wümme

Krimi, 2. Auflage
192 S., TB, 14 x 19 cm
9,90 Euro
ISBN 978-3-95494-126-1

Der 20-jährige Sven Hartmann wird am Borgfelder Deich tot aufgefunden. Weder ein Motiv noch weitere Hintergründe des Mordes sind erkennbar. Die Kommissarin Rieke Senger tappt bei ihrem ersten Fall in Bremen völlig im Dunkeln. Welche Rolle spielt der Verein »Helfende Hände e.V.«, bei dem Hartmann gerade eine Ausbildung absolvierte und Carmen Schütte ihre Stelle antritt? Die einzige Zeugin, ein depressives Mädchen, hüllt sich in Schweigen …

Andreas Mundt

Der vergessliche Fisch

Eine merkwürdige Geschichte aus den Wümme-Wiesen
148 S., TB, 14 x 19 cm
10,90 Euro
ISBN 978-3-95494-218-3

Aufstieg und Fall einer dörflichen Weltreligion: In Heuwede, einem winzigen Ort zwischen Fischerhude und Quelkhorn bei Bremen, lebt der Landwirt Knut Harmsen. Eines Tages gerät dem Bauern eine Wildkraut-Ex in den Karpfenteich des Bürgermeisters. Und leider sind ihm auch noch Dämpfe von dem Zeug ins Hirn gezogen. Kurz darauf hört Knut zum ersten Mal die Stimme des Fisches. Ein Ereignis, das sich als eine religiöse Offenbarung erweist und nicht nur das Dorfleben gehörig durcheinander bringt.

In dieser Reihe sind erschienen

Wilko Jäger

Sagen und Geschichten aus dem Teufelsmoor

Band 1
Wo Hüklüt einst im Sumpf versank – das Teufelsmoor und umzu
112 S., HC m. Schutzumschlag
12,90 Euro
ISBN 978-3-95494-256-5

Aus dem Inhalt: Hüklot und der Weyerberg, Wie das Teufelsmoor zu seinem Namen gekommen ist, Das Moorweib, Wie die Birke ins Moor kam, Die Moorbraut, Nächtlicher Spuk, Der Huvenhoopssee, Der Räuber »Speckschnaars«, Auf Schmugglerkurs: De Rode Gerd, Der Spuk im Pastorenhaus, Die Hexe von Wilstedt, Wie der Ort Huxfeld zu seinem Namen kam, Eine »Insel« schwimmt davon, Das verlassene Dorf u.v.m.

Mit ausgewählten plattdeutschen Texten von Heinz Lemmermann.

Cornelia Kenklies

Sagen und Geschichten aus dem Alten Land

128 S., HC m. Schutzumschlag
14,90 Euro
ISBN 978-3-95494-261-9

Aus dem Inhalt: Der Wolf von Francop, Der Junker ruft, Die schwedische Deichwacht, Mieken Borchers, Stuufstert, Starenkönig, hilf, Saure Suppe, Der Zwetschenpfannkuchen, Gesche von Husen aus Huttfleth, Metje Pape und die Kosaken, Altländer Hochzeit, Schlittenfahrt auf der Elbe um 1840, Fährhaus Kirschenland, Die schmucke Tanne, Butterblume und Distel, Von der klugen Maus, Adebar und der Frosch, Zwischen zwölf und eins, Besuch im Dunkeln, Der unterirdische Gang bei der Esteburg, Vom eisernen Knopf, Der König von Tonga, Als Knecht Niklas übers Wasser ging.
Inkl. Ortsregister